LH² 322

VOYAGE

EN

BOURGOGNE.

Imprimerie de Maulde et Renou, rue Bailleul, 9-11.

VOYAGE
EN
BOURGOGNE

SUIVI DE

MÉLANGES LITTÉRAIRES

PAR J.-B. BOUCHÉ, DE CLUNY,

AUTEUR DES

DRUIDES.

PARIS
CHEZ MARTINON, LIBRAIRE-ÉDITEUR,
Rue du Coq Saint-Honoré, 4.

1845

I.

ITINÉRAIRE DE PARIS A AUTUN.

J'étais las du tumulte de la capitale, las de n'avoir sous les yeux que des pierres harmoniquement taillées et des productions humaines, las surtout de l'épais brouillard politique, et de la lèpre morale qui enveloppe, ronge et empoisonne la cité géante. Je quittai Paris le 25 juin 1840, pour visiter ma mère, ma terre natale, le beau ciel de la vineuse Bourgogne, le pays de mes aïeux et les lieux tous remplis des impressions rêveuses de ma capricieuse jeunesse. Cluny, si riche en souvenirs historiques, c'est vers toi que je dirigeais mes pas. Le même jour j'étais à Sens. Cette première ville de la Bourgogne tire son nom des *Senonais* qui, en langage celtique, veut dire *Grands-des-Grands*, et dont il n'est qu'une abréviation. Avant l'invasion romaine, ce lieu s'appelait *Agedinc*; les Romains en ont fait *Agedincum*. Ce fut trois cent quatre-vingt-sept ans avant Jésus-Christ que le sacré collége des Druides, constitué en assemblée nationale, désigna le pays des Senonais comme le point de ralliement d'une armée qui fut levée dans toute la Celtique. Le commandement suprême en fut remis à Brennus qui fit trembler Rome. A la tête des Celtes l'intrépide général franchit, avec son armée, la cime neigeuse des Alpes. Il marche jusqu'à la ville de Cluse. Elle résiste; il l'assiége, y entre en vainqueur, et bientôt, passant outre, il vient camper sous les murs de la capitale italique. En vain le consul Fabius tente-t-il de s'opposer à son passage, il le culbute dans les plaines que baigne l'Allia, et Rome épouvantée subit le sort de Cluse. Le sénat et les grands se réfugient au Capitole avec les débris des cohortes, tandis que le peuple abandonné fuit à travers la campagne. Dans cette mémorable guerre, l'orgueil romain fut obligé de s'humilier devant le vainqueur gaulois.

Sur les bords de l'Yonne, encadré entre la Loire et la Seine, Agedinc était des plus favorablement situé pour devenir une place de guerre. Aussi, dans la sixième année de l'invasion des Romains, César y prit ses quartiers d'hiver avec six légions. Une année plus tard, Labienus y laissa quelques troupes et ses bagages qu'il reprit après sa victoire sur Camulge. Ensuite Agedinc eut le sort de presque toutes les cités gauloises qui perdirent leurs noms, et reçurent celui des peuples plus ou moins nombreux dont elles devenaient les capitales. C'est dans cette ville que Décence, apprenant la défaite de son frère Magnence, résolut de mourir en s'étranglant.

En 650, le nommé Samon, marchand de Sens, qui trafiquait en Germanie, passe chez les Slaves; ces barbares sont si étonnés de voir un homme qui a fait tant de chemin pour leur porter les choses dont ils manquent, qu'ils le nomment leur roi. C'est vers cette époque que les foires s'établirent en France. Autun, Lyon et Arles deviennent le centre d'un vaste commerce, dont les flottes croisaient dans tous les sens la Méditerranée, et trafiquaient avec les Orientaux, chez qui les Francs d'outre Saône ne savaient porter que le pillage.

Au huitième siècle, deux chanoines de Sens, Bernelin et Bernuin, construisirent une table ornée de pierreries et d'inscriptions. Puis vinrent les Croisades qui n'ont pas ouvert au commerce des routes nouvelles, mais qui ont développé ses ressources, facilité ses moyens, et l'ont mis sur la voie de toutes les grandes découvertes. Alors tous les efforts de l'industrie et des arts procèdent de l'esprit religieux du moyen-âge.

En 1015, le roi Robert réunit la ville de Sens à la couronne de France.

Entre plusieurs conciles qui s'y sont tenus, on doit citer celui de 1140, où saint Bernard, ennemi jaloux et envieux du savoir d'Abailard, fit condamner ce célèbre docteur, ce grand philosophe, pour ses écrits.

Il ne reste plus aujourd'hui à Sens que la cathédrale qui date du dixième siècle. Elle est dédiée à saint Etienne. Ce n'est pas seulement un remarquable monument gothique, c'est encore un des plus curieux édifices que possède la France. On peut en citer d'une dimension plus considérable, d'un travail plus parfait, mais non qui méritent davantage de fixer l'attention et l'admiration des antiquaires. On y retrouve partout les gracieuses combinaisons de l'ogive, ce sont des piliers flanqués de légères colonnettes engagées sous les cordons des galeries découpées en arcades. Jamais moyens n'ont été combinés avec plus d'art et de bonheur, jamais plus savante distribution de lumière ne fit mieux ressortir un aussi merveilleux ensemble de grandeur et de majesté. Elle possède des vitraux d'une rare beauté, des mausolées qui rappellent tout ce qu'a fait de plus précieux la renaissance. Deux roses de la plus grande magnificence y laissent pénétrer une lumière douce et religieuse. Celle de la porte à gauche est surtout remarquable par la pureté des couleurs et le nombre des figures. Dieu y est entouré des anges et des saints. C'est une représentation du Paradis. La pensée de l'artiste est restée vivante dans ce vaisseau. Son génie est empreint sur chacune des pierres dont la destination est l'unité de son architecture. On y célébrait autrefois la fête des fous, on y élisait un pape des fous. Cette église était une de celles où cette solennité se faisait avec le plus d'appareil. Les prêtres étaient barbouillés de lie de vin, et travestis de la manière la plus ridicule. Ils dansaient dans la basilique, et y chantaient des chansons obscènes. Les diacres et sous-diacres mangeaient des boudins et des saucisses sur l'autel devant le célébrant, jouaient sous ses yeux aux dés, en lui faisant respirer l'odeur de vieilles savates. Ils couraient, sautaient dans le saint lieu, avec toutes les postures dont les bateleurs savent amuser le peuple. Ensuite on les traînait par les rues dans des tombereaux pleins d'ordures, d'où ils excitaient le rire de la foule par des gestes impudiques. Ces ignobles saturnales étaient la honte de cette époque quasi incroyable d'abrutissement qui plus tard devint si funeste à la véritable religion du Christ. En 1528, le synode de Sens défendit ces impiétés dont on serait fort en peine de justifier le cynisme.

La bibliothèque de Sens est composée d'environ douze mille volumes. Il n'y a point d'anciennes éditions, mais seulement des commentaires sur les classiques et les grands corps d'ouvrages qui sont la base des bibliothèques. Dans le musée on voit des objets d'histoire naturelle, des émaux de Limoges, des manuscrits, une chronique de Sens jusqu'en 1294. Un bénédictionnel du treizième siècle, quatre missels avec des miniatures, et le curieux *diptyque* qui contient l'office de la fête des Fous et la prose de l'âne. Les diptyques sont des tablettes d'ivoire dont les consuls faisaient des présents le jour de leur installation. Ils ont ensuite servi aux évêques pour y inscrire leurs noms. Celui-ci est orné de sujets des plus intéressants; c'est le triomphe de la vendange. On y voit un jeune homme nu qui a sur la tête un panier de raisins; il porte dans sa main droite un autre panier, et tourne la tête vers une cuve où il va les déposer. Près de lui est un villageois armé d'un gros bâton, qui conduit un chariot traîné par des moutons. Il est rempli de raisins. Il indique avec sa main droite la cuve. Plus haut sont deux hommes vêtus de tuniques à manches retroussées, qui entassent des raisins dans de grands paniers. Trois hommes nus, dont le premier a des cornes, dans des positions vives et animées, foulent la vendange. Le jus que cette pression fait exprimer, sort d'une cuve par une gueule de lion, et tombe dans un grand vase rond. Le vin, à peine sorti, est placé dans des tonneaux. Une troupe joyeuse assiste à cette fête de l'abondance et de la richesse des vignobles de la Bourgogne.

On voit dans le trésor de Sens un os du prophète Isaïe; un morceau de la tunique sans couture; la verge d'Aaron; du bois de la vraie croix ; l'anneau de saint Loup, évêque de Sens ; les chefs de saint Loup et de saint Bon ; le doigt de saint Luc ; la chasuble, le manipule, l'étole, le cordon, les tunicelles et les mitres de saint Thomas de Cantorbéry. Mais la plus intéressante de ces reliques est un coffre d'ivoire à douze faces orné d'un cercle de cuivre émaillé : il représente l'histoire de Joseph.

Les clepsydes ou montres d'eau ont été inventées à Sens par un religieux de Saint-Pierre-le-Vif. Ces montres consistent en une boîte ronde, divisée en sept compartiments, dont les cloisons sont percées d'un petit trou d'où s'échappe l'eau goutte à goutte. Par cette évacuation de l'eau d'un compartiment dans l'autre, entre deux montants, le long desquels sont indiquées les heures que la boîte marque en descendant, on apprécie les divisions du temps.

Cette antique cité, autrefois la capitale des vaillants Senonais, devint plus tard la métropole d'une province, et le siége archiépiscopal dont Paris dépendait. Sens rappelle des souvenirs intéressants pour notre histoire. Cette ville est encore entourée d'une muraille romaine de quatre mètres d'épaisseur sur un pourtour de plus d'une lieue. L'enceinte antique était composée de pierres séparées de distance en distance par trois rangs de briques dorées. Cette disposition était nommée *orbandelle*, bande d'or. Dans presque toute cette étendue, la partie haute est recouverte par un appareil du quatrième siècle en *opus incertum*. La partie basse se compose de blocs unis sans mortier. Un très grand nombre de ces pierres contient des fragments d'inscriptions où l'on déchiffre le nom de *Jovis*, et qui proviennent évidemment d'un temple antique, ainsi que le prouvent les trous pratiqués pour le scellement d'agrafes de cuivre qui y ont laissé de fortes traces d'oxyde. Dans les dernières démolitions on a trouvé de magnifiques fragments de sculpture représentant des vases, des rinceaux, des griffons qui, sans nul doute, ont appartenu à un temple démoli après les édits de Théodose, pour que les matériaux servissent de clôture à cette cité.

Je quittai Sens dans la matinée, et passai bientôt devant la ville pittoresque de Joigny, où les moines de Cluny avaient un prieuré; le soir j'étais à Antissiodorum, aujourd'hui Auxerre, où saint Pélerin porta la foi au troisième siècle. Cette cité gauloise est célèbre par la fameuse bataille de Fontenay, livrée en 741. L'élite de la nation franque y assista; ils formaient une masse de trois cent cinquante mille hommes présentant un front de bataille de deux lieues d'étendue. Le choc fut si violent, l'acharnement tel, que le sort fut décidé en six heures. Lothaire y perdit quarante mille hommes, et ses deux frères laissèrent un nombre égal de soldats dans ces plaines qui furent le tombeau des plus braves de la nation.

Attila, les Sarrasins, les Normands, les Anglais, les calvinistes, ont, à différentes époques, dévasté Auxerre, où l'on voit encore les traces de leurs ravages.

Le vaisseau de la cathédrale d'Auxerre est imposant. Le portail est orné d'une infinité de sculptures; le chœur est très beau, il est éclairé de cette obscurité religieuse qui inspire le recueillement. Cette église avait autrefois des usages très remarquables. Ainsi le jour de Pâques, le dernier chanoine fournissait la pelote et la présentait au doyen qui la renvoyait à ses confrères. Ce jeu finissait par une danse où le vin n'était pas épargné. — Un usage plus singulier encore y était pratiqué. Certain jour du mois de mai un chanoine se présentait à la porte du chœur en habit militaire, botté et éperonné. Un surplis blanc couvrait son habit, un large baudrier, auquel pendait une épée, passait sur le surplis. Il avait les mains gantées, un faucon sur le poing, une aumuse sur le bras gauche ; dans la main droite il tenait un chapeau orné de plumes blanches. Cet usage qui paraît bizarre prend, par la réunion des attributs de la vaillance et de la religion, un caractère chevaleresque qui plaît à l'imagination. Cet usage eut lieu pour la dernière fois en mai 1732. — C'est pour cette église que l'instrument appelé *serpent* fut inventé par le chanoine Edme Guillaume. Modifié dans sa forme, il a pris le nom d'ophycléide (serpent à clef).

Rien de plus champêtre, de plus riant, de plus pittoresque que les environs d'Auxerre ! L'œil se repose avec délice sur ces sites où la vigne étale ses pampres verts au milieu d'une luxuriante végétation qui parfume l'air, parmi des coteaux délicieux où des fruits de toutes espèces forment des rideaux qui réjouissent et charment le voyageur. L'Yonne coule presque à niveau de terre dans les prairies, tantôt s'éloignant ou se rapprochant de la grande route, dont les fossés sont tapissés de violettes et de mille fleurs de couleurs les plus vives et les plus incroyablement variées. Le lit de cette rivière charrie beaucoup de granits et de madrépores pétrifiés qui se trouvent dans le sol. Avant l'invasion romaine, elle devait avoir une grande utilité pour le commerce de la Celtique. Son nom ne se trouve pas dans les auteurs classiques. L'inscription votive découverte à Auxerre, seule nous a fait connaître qu'elle était nommée Icauna, la rivière des Vallées. C'est le plus ancien monument celtique qui en retrace le nom et le souvenir. Cependant une antique tradition, sauctionnée par le temps, porte qu'avant la conquête de Jules César, elle était connue sous le nom d'Icauna. Cette rivière a une navigation des plus actives. On aime à regarder ces bateaux chargés de vins et de blés, ainsi qu'on se plaît à voir passer, avec la rapidité de la flèche, ces longs et étroits radeaux recueillis dans les forêts du Morvan et du Nivernais, qui portent au gouffre parisien une partie du bois qu'il engloutit et dévore chaque jour.

Il existe dans la bibliothèque d'Auxerre plusieurs manuscrits relatifs à son histoire locale. On y conserve les poésies de Fortunat; un manuscrit de l'*Arbre des batailles* dont les initiales sont ornées de jolies vignettes dans toute la longueur des pages; un Plaute sur vélin; un curieux Missel avec des signes de musique antérieurs à ceux qu'inventa Gu d'Arezzo.

Je quittai Auxerre le soir d'un beau jour. Le soleil, brillant d'une vive rougeur, se cachait derrière les montagnes de l'ouest, et ses derniers rayons projetaient faiblement sur les coteaux opposés ; un vent frais du soir soufflait dans les arbres qui bordent la rivière. Un calme imposant succéda à l'agitation du jour, et chaque objet qui passait devant mes yeux me jetait dans une agréable et sombre rêverie. La route jusqu'à Avallon offre de beaux points de vue, des vallées étroites, romantiques et solitaires s'étendent de tous côtés, et y offrent la plus agréable des perspectives.

Lorsque j'arrivai à Avallon, le soleil commençait à paraître. La nature semblait sourire à son retour, les montagnes de la Bourgogne resplendissaient de sa clarté. Les vallées, émaillées de fleurs, répandaient les plus doux parfums du matin, et les buissons d'alentour retentissaient de la mélodie touchante des oiseaux qui s'y ébattaient. Le promontoire sur lequel est bâti cette cité, est d'un granit à gros grains rouges, appelé pierre de Morvandelle. L'Itinéraire d'Antonin et la Table théodosienne en font mention sous le nom d'*Abalo*, la cité des Pommiers. La magnifique chaussée qu'Agrippa, gendre d'Auguste, fit construire, l'an vii de Rome, pour aller de Lyon à Boulogne, passait près de cette ville.

Après ma visite à Avallon, nous reprîmes la route d'Autun, que bientôt nous atteignîmes. La Lune, cette vierge céleste, dirigeait sa course dans la Voie lactée, la brillante étoile de Vénus se rafraîchissait, se purifiait en se plongeant dans le sein de l'horizon septentrional, tandis que la queue des sept étoiles de la Grande Ourse se repliait vers le nord en inondant la terre de leurs douces influences ; la nuit, cette fille du jour, s'étendait lentement sur l'antique cité d'Autun, lorsque j'y arrivai, pendant que le mont Dru se dorait d'un pâle et dernier reflet du dieu du jour. Autun est cette fameuse Bibracte, la première ville de l'occident, que Pomponius Méla appelle *la plus illustre des cités de la Celtique*. Elle occupe une situation pittoresque sur le penchant d'une colline, en face de vastes prairies, d'ombrages délicieux, à la jonction de trois montagnes, que d'autres entourent de tous côtés : lieux toujours fertiles, où tout ce qui jouit de la vie prospère, où tout ce qui peut servir à l'entretien abonde.

Sous la Gaule indépendante, les Éduens possédaient le territoire qui se trouve entre la Loire et la Saône; ils avaient sous leur dépendance plusieurs peuples. Cette nation n'est plus connue que des archéologues. Les races d'hommes qui la formaient sont éteintes. De leurs croyances, de leurs lois, de leurs vertus, il ne reste rien, absolument rien. En vain l'on cherche la forêt sacrée, et le chêne séculaire où les Druides tenaient leurs assemblées, les lieux saints où ils se réunissaient : tout a été anéanti par les Romains. Les notions qui nous restent sur son état primitif ne sont fondées que sur des titres usés, des traditions oubliées ou confuses. Cependant nous savons que chaque peuple de la Celtique formait des petits états liés ensemble par un pacte fédéral, excepté les Éduens et les Arvenais qui, pour avoir la suprématie dans les assemblées générales de la nation, avaient fait alliance avec les Romains et les Germains. De cette désunion fomentée par la politique astucieuse de Rome arriva la conquête de la Celtique, la servitude et la perte des biens les plus précieux, *l'indépendance et la liberté!* S'ils eussent été plus unis, ils auraient détourné l'asservissement des empereurs. L'on peut dire que Jules César subjugua les Celtes par les Celtes, et plus tard ceux-ci s'en vengèrent en aidant le général vainqueur à soumettre les Romains sous le joug de son despotisme impérial. C'est aux troupes tirées des Gaules qu'il est redevable de l'empire dont il se servit pour assujettir sa patrie. Le passage du Rubicon consacra son triomphe.

Revenons aux Éduens. L'engouement des vaincus pour les vainqueurs était tel que les habitants de Bibracte, voulant faire leur cour à l'empereur Auguste, donnèrent à leur savante cité le nom de ce prince; ils la nommèrent *Augustodunum.* Sous Constantin, elle changea encore de nom. Ce prince et Constantin-Chlore, son père, l'avaient spécialement favorisée après le long siége qu'elle soutint contre

Tétricus et les Bagaudes. En reconnaissance de cette protection marquée, ils voulurent qu'elle s'appelât *Flavia Eduorum* ; mais le nom d'Augustodunum, dont Autun est l'abréviation, a survécu aux changements des siècles pour éterniser la honte des flatteurs et l'avilissement des serfs!...

Sous Tibère, cette puissante cité était encore une des plus belles et des plus importantes de la Gaule. On y enseignait à quarante mille étudiants la philosophie, les belles-lettres, la grammaire, la jurisprudence, la médecine et l'astrologie. Sous Constantin, on y donnait des leçons de géographie sur des tables de marbre où étaient gravées les villes d'Italie avec leurs distances respectives. Ce précieux monument, antérieur à l'empereur Constantin, était appelé dans les écoles d'Autun *menianæ*. Eumène nous apprend qu'il y avait des portiques sous lesquels étaient des cartes géographiques représentant toutes les terres et les mers connues ; qu'on y avait tracé le cours des rivières, marqué les villes, leurs noms, leurs distances, et indiqué jusqu'aux sinuosités des côtes maritimes.

Autun possédait un amphithéâtre pouvant contenir cent mille spectateurs. Rivale de Rome et d'Athènes, elle avait son Capitole, ses temples de Janus, de Pluton, de Proserpine, de Jupiter, d'Apollon, de Minerve, de Bérécynthe, de Vénus, d'Anubis, et, au milieu de tous ces somptueux édifices, la naumachie, avec son vaste bassin, son incroyable construction, gigantesque monument, où étaient des barques et des galères destinées aux joutes nautiques ; puis un champ de Mars, un aqueduc, des fontaines, des bains publics pour les besoins de la grande cité gauloise... Enfin des murailles dont la fondation remontait bien avant l'invasion romaine.

Les édifices sont encore nombreux à Autun, sans y compter les ruines des temps héroïques. La cathédrale gothique, autrefois la chapelle des ducs de Bourgogne, est remarquable par l'élévation de son aiguille. La porte latérale est d'une construction moderne, avec quatre colonnes d'un travail différent. Ces colonnes supportent deux cintres ornés de médaillons qui offrent alternativement les signes du zodiaque et des figures relatives aux travaux de l'année. On y voit un homme qui tue un cochon, un berger qui garde ses moutons, un bûcheron qui porte un fagot, un villageois qui bat le blé. Dans l'église, presque tous les pilastres sont surmontés de chapiteaux historiés. Ici on distingue le songe des Mages; un ange leur montre du doigt l'étoile qui doit les conduire. Là, un chapiteau offre l'adoration des Mages. Plus loin un autre représente les trois jeunes gens dans la fournaise. Des fenêtres en ogives encadrées de mignonnes colonnettes autour desquelles s'enroulent le lierre et l'acanthe. Du côté gauche sont sculptées en bas-reliefs la fable du loup et de la cigogne, et l'histoire du lion d'Androclès. Les vitraux reçoivent dans leurs découpures, semblables à un réseau de fine dentelle, ces brillants diaphragmes de verre dont les mille couleurs scintillent comme autant de perles et de rubis sous les rayons du soleil, représentant la généalogie de la Vierge.

La place qui est devant la cathédrale est decorée d'une jolie fontaine, dont les ornements sont légers et corrects, gracieux et élégants : ce sont deux coupoles de même forme, posées l'une sur l'autre, supportées par des pilastres ioniques cannelés. La seconde coupole qui termine l'ouvrage, porte sur son dôme un pélican aux ailes déployées. C'est une ingénieuse allégorie de l'abondance que les eaux répandent partout. Sous la première coupe est un balustre qui soutient une autre belle coupe d'où l'eau s'échappe en tombant dans son bassin. Cette fontaine porte la date de 1543.

On célébrait autrefois sur le champ de Saint-Lazare, nommé par corruption le champ de Saint-Ladre, la fête de l'âne, appelée *le jeu de Saint-Ladre*. Cette cérémonie ridicule et scandaleuse était une véritable mascarade, représentant la Vierge fuyant en Égypte avec l'enfant Jésus. On couvrait un âne d'un drap tissu d'or, dont les principaux chanoines portaient les quatre coins, et marchaient entourés d'une troupe d'ecclésiastiques grotesquement habillés, jouant le rôle des apôtres. Une belle jeune fille montait sur l'âne et portait entre ses bras un enfant. Dans cet équipage, le clergé et le peuple la conduisaient de rue en rue jusque sur le champ de Saint-Ladre. Là, on plaçait la jeune fille avec son âne à côté de l'Evangile. Alors on commençait une messe solennelle, terminée par ce cri qui imite l'âne : *Hin-han! hin-han! hin-han! han!... han... han... han!...* A la fin de cette messe, l'officiant se tournait vers le peuple et criait trois fois, *hin-han!* Le peuple répétait trois fois, *hin-han!* — C'est avec peine que je suis entré dans le détail de cette indécente parade, plus digne d'un théâtre de foire que du sanctuaire de la religion. Les évêques employèrent long-temps les foudres de l'église pour abolir ces farces, mais sans succès. Il fallut toute l'autorité du parlement pour la supprimer.

La bibliothèque d'Autun possédait autrefois les dialogues de saint Grégoire, écrits en lettres mérovingiennes ; l'Enchiridion de saint Augustin, en mêmes caractères; une exposition du livre de Job, du neuvième siècle ; quelques ouvrages de Bède et d'Alcuin ; un traité inédit sur le Cantique des cantiques par Remi d'Auxerre ; les Actes des martyrs et une vie de saint Germain d'Auxerre ; un saint Optat et un manuscrit de Pomponius Méla. Aujourd'hui cette bibliothèque renferme encore environ cent cinquante manuscrits : la plupart sont des missels, des sommes et des ouvrages de théologie. Il y a quinze manuscrits intéressants par les sujets qui les accompagnent ou par les temps où ils ont été écrits. On y remarque un Horace sur vélin, avec une analyse raisonnée et critique ; les Évangiles avec les initiales de chaque évangile ornées de poissons et de végétaux singulièrement contournés. Au milieu il y a un médaillon représentant le Christ assis sur un trône, ayant un ange à ses côtés. Autour sont peints les animaux symboliques des quatre évangélistes. Ce beau manuscrit a été écrit par Gondoin en 754.

C'est à regret que je dis ici que ces précieuses reliques de la science sont déplacées à

Autun; cette ville n'en fait pas plus de cas qu'elle n'a été curieuse de conserver les anneaux de ses premiers évêques, que depuis long-temps elle a vendus. Ce ne sont plus pour elle que des lambeaux inintelligibles abandonnés aux rats, aux vers et à la poussière au milieu d'une grande ruine, sans cesse mutilés par l'insouciance ou l'appât égoïste d'un misérable gain. O Bibracte! l'homme ne sait plus que se remuer et s'agiter sur ton sépulcre; depuis long-temps tu n'es plus!

II.

ÉPOQUE SYMBOLIQUE.

Pour remonter jusqu'à l'apparition de la race humaine, il faut se transporter dans Bibracte, sur cette terre fortunée où Dieu, dans un moment de joie, sema cette race qui répandit les premiers rayons de cette vive lumière dont ils ont éclairé l'univers!

Oui, l'homme est sorti des entrailles de la terre, à sa mort il rentre dans le sein de sa mère! La main de Dieu l'a pétri du limon; un souffle de sa bouche, une étincelle de ses yeux a échauffé, pénétré, vivifié l'argile, en lui communiquant les bienfaits de l'existence. Le genre humain n'a pas d'autre origine, et l'époque de son apparition reste un mystère à jamais impénétrable [1].

Je suis convaincu que le territoire des *Eduens*, cette contrée délicieuse et productive, cette mamelle primitive de l'homme, fut le berceau du genre humain, et que c'est là que l'Ecriture nous montre la place du *Paradis ter-*

[1] Tacite dit : Il y avait dans la Celtique une forêt qu'on regardait comme étant aussi ancienne que la terre, elle s'étendait jusqu'en Germanie. Elle était nommée Hercynie : *c'est là que la race humaine a commencé, et que la nature a pris naissance.* Du temps de Jules César cette forêt hercynienne avait encore soixante journées de longueur et neuf de largeur. Elle s'étendait depuis le Rhin jusqu'en Transylvanie et couvrait toute l'Allemagne, la Haute-Hongrie et la Pologne. — Pline assure avoir vu en Germanie les rives et le lit des fleuves couverts de forêts flottantes. Cette peinture de la Germanie est celle de toute la surface du globe au temps de la forêt primitive. — Écoutons le Père Labe, il dit : La Bohême était un pays désert et inhabité, couvert de bois et d'horreur, lorsqu'en l'an 644 de l'ère chrétienne, *Creckh* et son frère *Lekh*, princes illyriens, y conduisirent une florissante colonie, et les premiers rendirent ce pays habitable. Remontons plusieurs siècles dans les âges antérieurs, et ce tableau primitif de la Bohême sera encore celui du globe terrestre dans toutes ses parties.

restre. Il rappelle encore la première jeunesse de la terre. Moïse ne dit nulle part que le berceau de l'homme fut en Asie. Au contraire, tout ce qu'a écrit le législateur hébreu sur ce jardin mystérieux, concourt à prouver que *l'un des premiers semis humains fut fait dans la Celtique, et qu'il sortit tout formé des mains de Dieu.* Si cette précieuse tradition de la création eût pu se conserver intacte, elle nous aurait fourni les principales couleurs pour peindre le tableau de la première famille!... Mais il y a si loin, le monde est si vieux, l'histoire si jeune!

A la suite des temps, et pour perpétuer ce grand événement de l'apparition de l'homme sur la terre, sur le lieu même où Dieu le déposa, on fonda ALÉSIA, cette reine de l'Occident, et BIBRACTE, la sainte cité dans la région d'ABALLO, *la région des Pommiers.* Nom primitif d'AVALLON, *la cité des Pommiers.*

EDEN est un mot celte dont les Latins ont fait EDO, *je produis.* EDEN signifie *le pays de l'homme.* Moïse nous fait entendre que c'était un lieu de délices, abondant en productions utiles à la vie. *Produxitque Deus de hoc humo omne lignum pulchrum et ad vescendum suave.* Paroles qui, jointes au sens du mot EDO, déterminent la véritable signification du mot EDEN; d'où vient le nom primitif EDUEN, *le pays qui a produit l'homme.*

Quant au grand fleuve qui entoure le pays de CHUS, et qui se divise en quatre branches, qui arrosaient l'Eden, les noms que Moïse leur donne sont évidemment celtiques : PHISON, *le fleuve Isis ou du feu*; GEHON, *l'eau salubre*; HIDDEKEL OU KIDEKEL, *la forêt brûlée;* LE PHRAT, *le fret, le passage, la traversée.* Tous les rapports semblent se rencontrer dans la Celtique pour y placer les quatre fleuves du Paradis terrestre. La Loire et la Seine entourent la Celtique, le Doubs roule des flots d'or, le Rhône coule du côté de l'Orient [1].

[1] Sanchoniathon, prêtre de Bérite, fut, dit-on, le plus ancien des historiens. Les chronologistes disent qu'il vivait au temps de Sémiramis, vers l'an 2164 avant Jésus-Christ, 673 ans avant que Moïse sortît de l'Égypte avec les Israélites.

ADAM signifie le premier possesseur de la terre. En langue flamande, qui est un reste de l'idiôme celtique, ce mot signifie *l'être vivant par excellence*, *l'homme*. En Belgique, le mot ADEM signifie *souffle, respiration, vie*. CAÏN signifie *enfant*. Interprété dans un autre sens,

Il a écrit l'histoire des Phéniciens en neuf livres. Elle commence par un système sur la formation de l'univers. Il attribue tout aux descendants de Caïn, et ne parle pas du déluge. Cette histoire primitive est perdue ainsi que la traduction de Philon de Biblos. Nous ne connaissons ces deux ouvrages que par quelques fragments de Porphyre. Ces fragments ont été commentés par Eusèbe. Il dit : Sanchoniathon a puisé l'origine et l'histoire du monde dans les écrits de Thout. Le Thout égyptien est le Theutat des Celtes.

Moïse, élevé en Égypte, était instruit des mystères des prêtres. La Genèse qu'il donna n'est encore qu'une traduction de la Genèse de Thout.

Manéthon, grand-prêtre d'Héliopolis, vivait l'an 300 avant Jésus-Christ. Il a écrit une histoire d'Égypte en cinq livres, qu'il avait aussi tirée des écrits de Thout, conservés dans les archives confiés à sa garde. Cette histoire s'est perdue comme celle de Sanchoniathon. Jules Africain., écrivain du troisième siècle, en a rapporté des extraits dans une chronique qui contenait l'histoire universelle depuis Adam jusqu'à l'an 248. Cette histoire de Jules Africain s'est encore perdue, il ne nous en reste que des fragments dans Eusèbe. Manéthon a encore écrit un poëme sur le pouvoir des astres, qui présidaient à la naissance des hommes.

il signifie *pervers, meurtrier*. ABEL signifie *le premier frappé* ou *la première victime de la mort*. Il est à propos de remarquer ici que les noms des patriarches primitifs du genre humain ont tous plusieurs significations, noms que je regarde comme des allégories renfermant les principaux traits propres à caractériser des époques, et que ces noms emblématiques leur ont été donnés par des âges déjà civilisés. Je n'étends pas plus loin ces recherches sur l'interprétation des plus anciens noms des hommes. Il me suffit d'avoir établi qu'ils avaient tous un sens désignatif, dont la solution la plus naturelle se trouve dans la langue celtique.

C'est donc de la Celtique que la première famille, souche de l'espèce humaine dont nous sommes les rameaux, s'est répandue entre ses fleuves. Mais il arriva un temps où les productions de la terre n'étaient plus en harmonie avec les besoins de la population. Il fallut se disperser au loin. La race, trop nombreuse dans la région des *Pommiers*, fut obligée de se déployer, de s'étendre sur la terre, alors toute couverte de végétation et enveloppée de ronces et d'épines. *Le premier état de l'homme fut ainsi modifié par le travail.* De nombreux essaims de la ruche humaine se portèrent de tous côtés, et, de proche en proche, elle a étendu ses fils sur tout le globe. La Celtique prit un caractère déterminé, et le reste des hommes, disséminé çà et là, ne prononçait son nom qu'avec des marques de considérations, car la fille aînée des nations était aussi la plus sage [1]? Encore aujourd'hui la France représente, dans ses formes, une grande reine assise sur le trône primitif de l'homme, donnant ses lois, son industrie, ses arts, ses sciences au reste du monde. Elle est le symbole de *l'hospitalité humaine!*

Suivant les Hébreux, la langue d'Adam se répandit sur toute la terre : toutes les langues ont pour racine les mots créés par le premier

---

[1] Clément d'Alexandrie a dit : Les mœurs des Celtes étaient si pures qu'elles ont mérité à la Celtique le surnom de *Justorum republica*, république des Justes.

homme. Adam nomma les animaux ainsi que toutes choses, et le nom qu'il donna porte avec lui sa signification précise. Que l'on décompose les noms de nos fleuves, de nos rivières, de nos montagnes, de nos contrées, ils sont encore en langue celtique, ce qu'ils étaient dans les temps primitifs où on les a nommés.

La langue primitive n'a été composée que de cinq mots : *A, E, I, O, U*. Ils n'expriment, dans toutes les langues, que les attributs convenables à la grandeur, à la force, à l'intelligence, à la sublimité de Dieu. Ces seules exclamations ont échappé aux premiers hommes entourés des merveilles de la création. Ils les articulaient en chantant. Les anges n'ont pas d'autre langage dans les cieux.

La langue se délie. Les figures hiéroglyphiques sont inventées. Ces images ne rendaient que ces idées simples, et ne pouvaient servir à faire connaître des idées abstraites et métaphysiques, ce qui obligea d'inventer des figures qui ont formé des mots pour marquer la différence des choses et des idées. C'est la liaison des caractères, jointe à l'inflexion de la voix, qui donne au style la force, la grandeur ou la simplicité. Émule de tout ce qu'il voit, de tout ce qu'il entend, l'homme se rend raison de tout. Il imite le chant des oiseaux, le cri des animaux. Il commence par chanter ses plaisirs ; il impose ou désigne par une image des noms à toutes choses et à tous les êtres. Voilà l'origine de la langue, de la musique, des hiéroglyphes et des nombres, ces sœurs ainées de l'histoire. Toutes les dénominations de la pensée avaient leur prix, et les signes leur valeur. C'est pour les avoir négligés qu'on ignore l'histoire des premiers temps. On veut de la finesse, la finesse enfante l'obscurité; on veut des pensées plus fortes, on les fait gigantesques. On trouve les expressions anciennes trop simples, on en forme de dures ou d'alambiquées. Dans la langue de nos ancêtres il y avait plus de naïveté, dans la nôtre il y a plus de netteté. Pourquoi n'avons-nous pu les lier? Ensuite, les druides, législateurs et philosophes, dédaignèrent d'instruire la postérité de leurs étonnants travaux. Ils répétaient souvent cette maxime : *Malheur à l'homme qui a besoin de grands exemples pour faire de grandes choses!* Vivant à l'écart, dans le sein des forêts, ils méprisaient la renommée comme chose trop peu certaine ; aussi n'ont-ils laissé sur la terre primitive de l'homme pas plus de trace de leur gloire que le navire qui sillonne et ride les flots. Seulement, çà et là l'on voit encore les débris de cette savante poussière, vestige granitique qui brave les siècles. Ils avaient justement pensé que les hommes les plus affamés de réputation, avec tous les efforts pour l'obtenir et la rendre à jamais durable, ne sont pas plus avancés que le commun de l'espèce humaine. — Ils avaient raison, qu'est-ce que plusieurs siècles de renommée comparés au temps sans bornes ?

La langue, se propageant de père en fils, de proche en proche, de génération en génération, changea par le mélange des peuples séparés du tronc primitif de la grande famille en refluant les uns sur les autres. Ensuite la différence dans l'organe de chaque nation, causée par la température du climat, porte une différence dans les mêmes mots. Il ne faut pas s'étonner si la langue d'une nation, transportée chez un autre peuple, s'est dénaturée ; mais les mots primitifs ont conservé leur première acception dans la composition diverse que les besoins ont déterminée sur la terre. Je crois que les mots de première nécessité appartenaient aux Celtes, et que toutes les langues d'Europe, d'Afrique et d'Asie, ne sont que de simples dialectes, dont l'origine émane de chez nous [1].

[1] Dans cette note je ne chercherai point à percer les ténèbres qui enveloppent l'origine des langues. Seulement j'expose que la langue punique ou africaine était la langue phénicienne, mais dénaturée par la suite des temps. — Les Éthiopiens, comme les Celtes, écrivaient de gauche à droite, ce qui peut faire juger que l'une a tiré primitivement son origine de l'autre. — Les Égyptiens avaient deux sortes d'écriture, l'une en caractères populaires, l'autre n'était que des signes symboliques qui n'étaient connus que des prêtres, et s'appelait hiéroglyphique. Cette langue s'est perdue avec leur religion, il n'en reste que les figures conservées sur les pierres. La langue populaire souffrit différentes variations à mesure que les révolutions s'opéraient en Égypte. — L'hébreu a varié comme les autres langues. Le style de Moïse et de Job n'est pas le même

Je suis donc convaincu de *la supériorité primitive* de la langue celtique sur toutes les autres langues, dont quelques savants parlent avec tant de dédain, parce qu'ils ne se sont point donné la peine d'étudier ces matières. Cependant il est démontré par des faits historiques que dans les temps les plus reculés,

que celui d'Isaïe, qui est le plus élevé et le plus noble. Celui qu'ont employé Daniel, Esdras, Samuel, David, Salomon, est encore différent. L'hébreu n'a acquis sa perfection que pendant les 350 ans qu'a duré le royaume de Juda. La résidence d'un souverain détermine toujours la langue d'un peuple. L'hébreu a vingt-deux lettres, dont les caractères actuels ne sont point ceux du temps de Moïse et des rois, mais les caractères chaldéens que donna Esdras au retour de la captivité de Babylone. Ce qui prouve l'antiquité des caractères primitifs hébreux, ce sont les médailles d'or, d'argent et de cuivre trouvées dans les ruines des villes de la Palestine qui sont en caractères *samaritains*. Je dirai ici un mot des Samaritains. Salmanasar, pour repeupler le pays de Samarie, fit demander à Jérusalem les livres de la loi pour adorer et servir Dieu ; ils furent envoyés en caractères primitifs et les juifs ont changé les leurs. Ils ont de même vingt-deux lettres, mais différentes. — Les Syriens ont prétendu que leur langue était la plus ancienne du monde. Il est difficile de distinguer si l'hébraïque, le chaldéen, l'égyptien, l'éthiopien et le syriaque ne sont pas la même langue. Je crois qu'elles n'étaient séparées qu'en dialectes provenant de la langue mère qui est le celtique. Le syriaque a vingt-deux lettres comme l'hébreu, avec la même suite et la

comme un grand fleuve civilisateur, les Celtes, des extrémités du monde ancien, ont étendu en Orient leurs courses et leurs conquêtes ; puisque les auteurs de l'antiquité n'en parlent qu'avec l'épithète de *vieux*.

Il a fallu bien du temps et des réflexions, pour imaginer une figure différente à chaque

même prononciation. Il s'écrit de droite à gauche comme l'hébreu, mais les caractères en sont différents. Le phénicien qu'on parlait à Tyr était le même que le cananéen, qui n'était autre que le syriaque qui était la langue de toutes les côtes de la Syrie. L'arabe a beaucoup de conformité avec l'hébreu et le chaldéen, comme sorti et procédant de l'un et de l'autre. C'est le sentiment du savant rabbin ABEN-EZRA. Ce qu'il y a de singulier, c'est que le *Coran*, écrit il y a plus de douze cents ans, est encore le meilleur arabe, tandis que nos langues modernes n'ont pu supporter un si long espace de temps sans se dénaturer. Je dis donc que l'hébreu et l'arabe ne sont qu'un dialecte du celtique. La langue persane, depuis Cyrus jusqu'à Alexandre, usait de l'idiôme chaldaïque ou syriaque. Cette langue s'est conservée dans la religion des Parsis et des Guèbres. — Le scythique et le sarmate ne se parlent plus, les dialectes qui en sont sortis se sont répandus dans la Bulgarie, la Servie, la Dalmatie, la Croatie, l'Esclavonie, la Bohême, la Moravie, la Silésie, la Pologne, la Russie, etc., etc. Gessner comptait jusqu'à soixante peuples qui parlent le scythique, chacun dans son dialecte. Les diverses nations qui le parlaient y ont changé chacune quelque chose, mais on y reconnaît toujours la même origine.

mouvement de la langue et à chaque inflexion de la voix. Les signes primitifs ont été la ligne droite, la courbe, le point et le rond. Le ciel, la terre, les montagnes, les rivières, ont fourni des modèles pour représenter les angles et ce qui est dans un mouvement continuel. Dans les nuages, les arbres, les plantes, on a trouvé de quoi représenter les couleurs, l'extension et l'accroissement. On a choisi les poissons, les insectes, les oiseaux, les quadrupèdes, comme des signes suffisants pour faire connaître l'agilité, la lenteur, la diligence, la paresse. Le soleil, la lune, les étoiles, ont servi pour désigner les quantités et les grandeurs, et ont enseigné la science des nombres; la nécessité rendit ensuite les hommes géomètres et en fit des calculateurs et des astronomes. UN fut l'unité. L'unité est le seul nombre parfait, le principe et la racine de tous les autres. Elle est indivisible, c'est l'essence du parfait, le type de Dieu. L'unité est le symbole de tout ce qu'il y a de meilleur dans le cerveau de l'homme, *la sagese et le génie*. DEUX représente l'élément de toutes choses composées. Il est le symbole de la génération. Trois est le principe de toute perfection, la plénitude de toutes choses[1]. Un et deux sont renfermés en lui. Il est le symbole de l'harmonie parfaite.

[1] Le nombre trois a réellement quelque chose de divin, de savant, de particulier. Nous apercevons que le cercle des sciences, leurs principes, leurs éléments, leurs résultats, sont renfermés dans ce nombre. Chez l'homme, on observe la conformation des solides, le mouvement des fluides, le jeu des passions. L'homme se doit à Dieu, à soi-même, à la société. L'homme a des principes qu'il sent, des vérités qu'il aime, des devoirs qu'il remplit. La morale dépend de la justice des hommes, de la sagesse des lois, de la pureté des mœurs. L'union des hommes est nourrie par l'estime, la fidélité, la constance. Le naturaliste a classé les règnes par les animaux, les végétaux, les minéraux. Le métaphysicien trouve partout l'espace, la matière et le mouvement. Les lois constantes de l'harmonie lui font voir l'infini, la toute-puissance et l'éternité. Le physicien distingue les corps par leur forme, leur couleur et leur densité. Il décompose la lumière et trouve les trois couleurs primitives, le jaune, le rouge et le bleu. Le chimiste analyse les trois principes palpables, la terre, l'eau et le sel. Le mathématicien a trouvé l'arithmétique, la géométrie, la mécanique. L'arithméticien résout tous les calculs par l'addition, la soustraction et les rapports des nombres. Le géomètre mesure l'étendue par le point, la ligne, la surface. Le mécanicien démontre que la force est le résultat de la masse multipliée par l'espace divisé par le temps. L'architecture résulte de la distribution, de la proportion, de la

Quatre [1] a fait trouver le carré cube. Il est le symbole géométrique qui représente la force et la solidité de l'œuvre divine. Cinq est le pentagone ou cercle parfait, composé de triangles. Il est le symbole des cinq lettres primitives et l'emblème de Dieu. Six est le signe géométrique qui, multiplié par lui-même, offre

solidité. La peinture emploie le dessin, l'expression, le coloris. L'harmonie unit le son aigu, le grave, le médian. L'éloquence a le secret d'émouvoir par l'invention, l'élocution, la distribution.

[1] Les quatre premiers nombres allemands portent les noms des quatre éléments. Le premier nombre, *ein*, désigne l'*air*, cet élément qui, toujours en marche, s'insinue dans toutes les parties de la matière, et dont le flux et le reflux continuel est le véhicule universel de la vie. — Le mot *zwey*, second nombre, vient du tudesque *zweig*; il signifie germe, fécondation. Il désigne *la terre*, cette mère féconde de toute production. — Le mot *drey*, troisième nombre, répond au *trienos* des Grecs, et à notre trois, il désigne *l'eau*. C'est pourquoi les divinités de la mer sont nommées *tritons*, et que le trident est l'emblème de Neptune, et que l'eau en général est appelée *amphitrite*. — Le mot *vier*, quatrième nombre en langue belge, désigne le *feu*, et ne signifie en allemand que le nombre *quatre*, par la raison que le feu n'occupe que la quatrième place dans l'ordre historique des éléments. Ensuite Plutarque nous apprend que le feu est le plus récent des quatre éléments, l'usage n'en ayant été découvert que depuis un petit nombre de siècles.

le nombre cubique. SEPT est le principe de tous les nombres très composés. Il est le symbole du repos. HUIT, formé de quatre parties égales, est le symbole de l'invariable égalité des hommes. NEUF, multiplié par lui-même, donne quatre-vingt-un. Il est le symbole de la vie humaine. DIX n'a besoin que de lui-même pour se multiplier à l'infini. Symbole de la puissance du très haut, il nous démontre ces deux axiômes : *Dieu est un*, et *les extrêmes se touchent*.

La science des nombres a été le principe du dogme de la métempsycose. Les druides la regardaient comme la première des vérités naturelles et la plus féconde en résultats, par la vicissitude éternelle des choses, la fluctuation de la matière représentée par le déplacement des quantités numériques, qui ne sont rien en elles ni par elles, et n'ont de valeur que par leur changement. C'est le grand système des êtres. Le passage successif des âmes dans des corps différents, qui monte et descend, organise et détruit, et dont la matière employée sous mille figures différentes, forme l'âme universelle, le nombre des nombres, *Dieu!*

L'extrême mobilité des éléments de la matière toujours en jeu, changeant perpétuellement de formes et se métamorphosant l'un par l'autre, d'après les lois de la nécessité, fit que le système de la transmigration des âmes pouvait seul rendre raison de tous les contrastes qui sont dans la nature des choses, et de toutes les inconséquences qui caractérisent la constitution et la conduite des hommes. — En mourant, les druides disaient : J'ai rempli le grand nombre des nombres, le nombre divin de la vie humaine. Je suis né, j'ai vécu, je meurs, pour la vérité, l'indépendance et la justice.—Le peuple a encore l'intuition de la métempsycose, quand il dit : Pourquoi frapper cet animal? Tu ne sais pas ce que tu deviendras. Le peuple comprend vaguement que la naissance de l'homme est une palingénésie, qu'il en est de même de sa mort.

Le dogme des druides était aussi respectable qu'il était approfondi. Toutes les erreurs dont on les accuse ne sont que cette religion commentée, symbolisée et mal interprétée. Ils cultivaient les mathématiques, la géométrie, la physique, l'astronomie, et toutes les sciences qui nous les ont fait admirer. Livrés à la méditation, à la contemplation des astres, à l'étude de la nature, leurs mœurs, aussi pures que leur morale, pénétraient d'admiration et de respect. Ils enseignaient qu'il y avait un Dieu unique qui avait conçu l'univers dans son intelligence, avant de le former par sa volonté. Ils poussaient le respect et l'adoration si loin envers lui, qu'ils n'ont jamais osé décrire sa forme ni sa puissance. Le mécanisme de l'univers, la nature intime de la matière, paraissaient à ces philosophes le secret de Dieu, d'autant plus respectable qu'il était au dessus de leur entendement et de leurs connaissances. Plus près de la création, la Genèse des Toscans, celle des Phéniciens, des Égyptiens, des Chaldéens, des Hébreux, des Perses, des brames, n'étaient que des traditions basées sur les travaux primitifs des druides.

Moïse nous apprend que non loin de la création l'espèce humaine fut engloutie par le déluge. Une antique tradition veut qu'il y ait eu autrefois un temps où le soleil a perdu sa lumière. C'est vers cette époque que les écrivains de l'antiquité placent cette submersion du globe, qui, à notre égard, est la même chose que la création, puisque le genre humain s'est renouvelé, et que, semblable au serpent, la terre s'est revêtue d'une peau nouvelle [1].

Josèphe fait descendre les Celtes de Noé. Ici Noé figure le renouvellement de l'espèce humaine après le déluge. L'Écriture dit : CHAM *dévoila la nudité de son père.* Ces paroles ont un sens parabolique, et signifient que Cham, dont le nom (saint Jérôme) signifie *incendie*,

---

[1] Dans la prière au soleil attribuée à Orphée, on trouve ce vers : *Astre jadis éteint, qui maintenant nous luit!* — Dion, livre 45, dit : Le soleil est sujet à décroître, et même à s'éteindre, sentiment qui s'appuyait sur d'anciennes traditions. — Solin confirme cette opinion, il dit : La terre, au temps du premier déluge, fut neuf mois et plus sans voir le soleil, cet astre étant resté tout ce temps couvert d'une épaisse obscurité. — Anaxagore ajoute : Autrefois la terre a été confondue avec le ciel. — Callimaque dit : Délos se souvient d'avoir vu naître le soleil et d'avoir été la première éclairée de ses rayons.

réduisit en cendres les forêts primitives, et découvrit la nudité du globe terrestre, ce père commun des hommes. JAPHET aida son frère SEM à revêtir Noé, c'est-à-dire que le genre humain multiplié est figuré par Japhet, dont le nom signifie dilatation : *Dilatet Dominus Japhet*, que le Seigneur étende la postérité de Japhet. Japhet recouvrit le globe terrestre d'habitants, tandis que SEM ensemença la terre et lui rendit sa chevelure verdoyante, dont CHAM l'avait privée, en la revêtissant de plantes de toutes espèces. Voilà pourquoi Moïse place à cette époque la première culture de la vigne. Moïse donne à JAPHET plusieurs fils. GOMER symbolise les *Cimmériens* et les *Ombres*, vivant dans les ténèbres d'une épaisse forêt. MAGOR symbolise les habitants des montagnes. MADAÏ symbolise les habitants des marais. JAVAN symbolise les peuples laboureurs. THUBAL symbolise les peuples pasteurs. MOSOCH symbolise les peuples possesseurs de l'ambre. THIRAS symbolise les peuples chasseurs ou nomades. Telle fut la postérité de Japhet et les différentes espèces d'hommes qui se répandirent sur toute la terre après le déluge, à la tête desquels l'historien Josèphe met Gomer, ce père des Cimmériens et des Ombres. Les Gaulois avant d'être appelés Celtes, étaient Cimmériens, c'est-à-dire que l'on distingue les Celtes par le nom de Cimmériens toutes les fois que l'on parle d'eux relativement à une époque antérieure au grand incendie des forêts primitives.

Gomer eut trois fils : Askhenas, patriarche des Celtes; Riphat, patriarche des habitants des Alpes et des Pyrénées; Togarma, patriarche des *Astyriens*, *Erithéens* et *Sidoniens*. C'était la grande association des peuples commerçants.

Hésiode appelle Japhet père de Prométhée. Il appelle Prométhée Titan. Les Titans sont cette espèce d'hommes qui firent la guerre aux dieux, c'est-à-dire les Celtes, qui changèrent la face du globe par le moyen du feu, et dont tous les peuples ont reçu l'idée, l'usage et la dénomination de cet élément. Les Titans étaient regardés comme les enfants d'*Ur* ou d'Europe. En rejetant tout ce qu'il y a de fabuleux dans l'histoire de Prométhée, Diodore assure qu'il fut l'inventeur de la conservation du feu. Il dit : *On a écrit que Prométhée, fils de Japhet, avait dérobé le feu aux dieux pour en faire présent aux hommes; ce qu'il y a de certain, c'est qu'il inventa la manière de le conserver par des aliments jusqu'alors ignorés.* Alors les cavernes furent les premiers asiles où l'on imagina de conserver le feu avec la férule : *ferula.* Cette plante a la propriété de conserver et de prolonger lentement son action. Ce qui fit dire que VULCAIN, cet emblème du feu, était né avec des pieds défectueux, ayant peine à se soutenir; mais que JUNON, qui présidait aux nuées et à la pluie, l'aurait pour jamais dérobé à nos regards, si THÉTIS et EURYNOME, filles de l'Océan (la première espèce d'hommes), ne l'eussent précieusement recueilli dans le fond d'une caverne pendant l'espace de neuf années. Cette tradition est fondée sur des faits réels. Ainsi, les hommes furent neuf années pour parvenir à connaître l'usage de cet élément. On attribue à

Cilix, l'art de suppléer au feu éteint par le choc de deux cailloux. Solin a écrit que Phénix, père de Cilix, était plus ancien que Jupiter, et du nombre *des premiers élèves de la terre* : hyperbole qui désigne un de ces premiers hommes antérieurs à la destruction des forêts, qui interceptaient la vue du ciel, figuré par Jupiter.

Pline dit : Ce fut Prométhée qui tua le premier bœuf. Ainsi l'usage d'attenter à la vie des animaux fut une des premières conséquences de l'invention de la conservation du feu.

Les compagnons de l'inventeur du feu furent connus de la postérité sous le nom de Cyclopes, *tournant autour du feu*. Cicéron dit qu'ils furent ensuite nommés Titans, *qui engendre le feu*, puis Curètes.

Denys d'Halicarnasse donne pour père à Deucalion le titan Prométhée. Deu-cal-ion signifie *le fils de l'inondation du feu*. Il représente cette espèce d'hommes échappés au déluge et qui furent témoins du premier incendie. Pyr-rha signifie *origine ignée*. Le mariage de Deucalion avec Pyrrha figure l'alliance des hommes avec le feu : car Deucalion représente toute la race humaine, dont Prométhée passe pour le créateur ; parce qu'elle fut régénérée par le feu, cette source de tous les arts et de toute industrie, qui en réalité fut un bienfait d'Og-mi, le Prométhée celtique. Et quand les poètes de l'antiquité font descendre toutes les générations actuelles de ce mariage, ils parlent de cette multitude innombrable d'établissements que les Celtes, ces fils du déluge et du premier feu, firent dans toutes les contrées du globe.

Les Grecs surnommaient CÉRÈS ÉLÉGÉRIS *porte-flamme*. Le nom de PROSERPINE, cette fille de Cérès, exprime le progrès successif de l'incendie des forêts. Son mariage avec PLUTON, et la moitié de l'année qu'elle passe aux enfers, et l'autre sur la terre, sont des fictions paraboliques qui signifient que la flamme primitive, fille de Cérès, alla visiter les antipodes de la terre figurés par Pluton, et qu'elle mit un temps égal à dépouiller les forêts de l'un et de l'autre hémisphère.

Phaéton signifie *manifestation du feu*. Quelques auteurs ont écrit que dans les langues orientales il signifiait *bouche de fournaise*, et dans le style poétique *lumière du jour*. La chute de Phaéton figure la descente du jour sur la terre, occasionnée par *l'incendie des Pyrénées*. Voilà pourquoi les anciens disaient : « Après la chute de Phaéton, le soleil descendit du ciel sur la terre, et alla visiter les Hyperborées. » Cette fiction signifie que le soleil, après l'incendie des forêts, visita les Celtes qui jusqu'alors avaient été privés de la vue de cet astre. A ce sujet Apollonius a écrit que les Celtes répandirent le bruit que les gouttes d'ambre que roulait l'Éridan étaient les larmes qu'avait jadis versées le soleil, lorsque, réprimandé par Jupiter, et courroucé de la mort de Phaéton son fils, il déserta le ciel et fut visiter la nation sacrée des Hyperboréens. — Si le soleil vint pleurer des larmes d'ambre chez les Hyperboréens, et si les eaux de l'Éridan roulaient ces larmes précieuses, il s'ensuit que les Hyperboréens étaient les Celtes. Voilà tout le mystère de cette antique tradition de Phaéton précipité du ciel sur la terre pour éclairer le monde. Phaéton n'est que le symbole de l'incendie des forêts de la Celtique.

La tradition de l'embrasement des Pyrénées nous a encore été conservée sous le voile de l'allégorie dans la fable d'*Esaque*, qui se précipita dans les eaux par le regret qu'il eut d'avoir été l'auteur de la mort de la nymphe Hespérie. Esaque était le symbole de l'extinction du feu en Espagne.

La destruction des forêts était nécessaire pour anéantir la race trop nombreuse des serpents. De là la fable du serpent Pithon, enfanté par le déluge, et détruit par Apollon ou le feu personnifié. Des Chaldéens, qui honoraient d'un culte particulier *Ops*, fille de *Vesta*, ayant à ses pieds deux serpents ; emblème des ennemis de l'espèce humaine, détruits par *Ops*, qui est le feu primitif. Du grand serpent *Ophionée*, qui, selon les Phéniciens, fit la guerre aux Dieux. Des Scythes, qui descendaient d'une nymphe moitié femme et moitié reptile. Des

Athéniens, qui faisaient naître leur premier roi Éricthonius avec des jambes de lézard.

Tout dans les Gaules indique le théâtre d'un grand embrasement. Annius nous dit : La contrée de Perpignan est un vestige de l'incendie primitif des forêts de la Celtique. Le bassin de Paris a la même origine. La racine de son nom est *Isis* ou la terre enflammée. Les peuples qui habitaient l'île de la Seine se nommaient *Isiens*. Là, était le temple d'Isis qu'ils regardaient comme la mère commune de toutes choses. Voilà pourquoi ils l'entouraient de mamelles entassées les unes sur les autres, et la couronnaient d'une tour. Les Celtes l'honoraient parce qu'elle avait donné la connaissance du blé aux hommes, qu'elle les nourrissait et logeait dans son sein. Ils la promenaient processionnellement sur un char tiré par des bœufs, pour la conservation des fruits de la terre[1]. Cette cérémonie druidique se trouve re-

---

[1] Les Celtes, les Cimbres, les Teutons, avaient leur bœuf sacré sur lequel ils prononçaient leur serment. Les Scandinaves adoraient le dieu Thor ou Taureau. Les Égyptiens ado-

présentée sur les monnaies gauloises, avec cette légende : EBUROVICES, et au revers un cheval avec une étoile. L'opinion des Égyptiens sur Isis n'était pas différente de celle des druides, de qui ils la tenaient. Une statue d'Isis était conservée dans l'église de l'Abbaye de Saint-Germain de Paris. Elle fut brisée par les moines de cette maison religieuse, parce que les femmes venaient lui faire des offrandes.

Ceriziers rapporte que sous le règne de Chilpéric on trouva dans les fondations de l'ancien Paris, une lame de cuivre où étaient figurés un feu, un rat et un serpent. Ce hiéroglyphe historique des druides signifie : *Sans le feu nous ramperions encore parmi les broussailles comme les serpents, ou nous nous réfu-*

raient à Memphis le taureau *Apis*, à Héliopolis le taureau *Mnevis*, à Hermuntis le taureau *Oruphis*. Les Hébreux sacrifiaient en faisant brûler *la Vache rousse*, dont les cendres, mêlées avec de l'eau, servaient aux expiations. Ils adoraient le *Veau d'or*, Moïse le détruisit. Plus tard, le prophète Osée déclamait contre l'adoration du *Veau de Samarie*. Les rabbins parlent d'un bœuf gigantesque appelé *Béhémoth*, réservé pour le festin du Messie. Sur les monuments symboliques des Perses Mithra est représenté sur un taureau qu'il égorge.

gerions dans les trous comme les rats. La lame de cuivre signifiait que l'usage des métaux était le résultat de l'incendie, et que leur découverte en fut la suite.

Lucien en parlant de l'Hercule celtique dit : « Les Gaulois appellent Hercule Og-mi, et le « représente tout blanc, chauve, ridé, basané, « semblable à ces vieux nautoniers, ou plutôt « à Caron lui-même, ou à Japhet qu'on prend « pour le plus ancien de tous les hommes. A « le voir, c'est toute autre chose qu'Hercule, « quoiqu'il ait, comme lui, la peau de lion et « la massue, avec un arc tendu à la main gau- « che et un carquois sur l'épaule. Mais ce « qu'il y a de plus admirable, c'est qu'il tient « enchaînés par l'oreille une infinité de peu- « ples qui sont attachés à sa langue par des « fils d'or fort déliés, comme par autant de « chaînes, et le suivent volontairement sans « se débattre. »

Tous les peuples de la terre ont connu l'emploi du mot *og*. Les Phéniciens en ont fait *Okhos*, leur premier législateur. Les Chaldéens en ont fait *og*, pain cuit sous la cendre; les Hébreux, le mot *houg*, qui signifie la même chose; les Amalécites, *Moloch* ou *og*, le victimaire. Les Perses en ont fait *Bogès*, nom composé de *Bog*, qui signifie *Dieu*, et de *es*, qui signifie *feu*. Ce nom désigne un descendant de *Og-Esus*.

Le culte du dieu *Og* a été connu dans toutes les contrées du globe. Les Celtes l'honoraient sous le nom primitif d'*Og-mi*, les Tyriens sous celui d'*Okhus*. Les Égyptiens l'adoraient sous le nom d'*Osiris-Ogygien*, les Indiens sous celui de *Bacchus-Ogygès* : ce qui prouve le rapport de Bacchus et Osiris avec Og-mi. Tous ces personnages n'étaient que des copies de l'*Og-mi* celtique, qui présida à l'incendie des Pyrénées, à la découverte du feu, à l'établissement des premiers foyers, des premiers arts, des premières sociétés.

Voilà toutes ces fables celtiques, réduites à leur sens réel et primitif, et rapportées à l'événement historique dont elles découlent, et dont elles ne sont que le symbole, je veux dire à l'incendie des forêts cimmériennes, source de la plus ancienne révolution politique et sociale du globe ; ou transmis de continent à continent, de peuple à peuple, et d'une génération à l'autre par Prométhée, qui n'est autre que l'*Og-mi* celtique.

Tous les témoignages que nous ont laissés les auteurs sur l'étendue de l'ancienne Celtique, prouvent qu'elle n'avait d'autres bornes que celles de l'Europe. Ainsi je me crois fondé quand je dis qu'*Europe* signifie *déluge de flamme*, et que ce mot présente dans cette dénomination les traces d'un incendie. Ainsi c'est de la Celtique que sont sortis les premiers peuples civilisateurs et conquérants. Mais le fleuve d'oubli emporte tout ; et le pied d'un voyageur efface l'empreinte qu'a laissée sur le sable celui qui l'a précédé.

III.

ORIGINE SOCIALE.

La conquête primitive du globe, l'origine des premières sociétés, la prise de possession de la terre fut faite par *le feu*. Elles furent l'ouvrage des *Celtes incendiés*, et ensuite *incendiaires*. Cette formidable migration, que ne pouvait plus contenir la ruche humaine, franchit les Pyrénées, et fonda sa première colonie des Celtes-Ibères [1]. Abis ne fut pas leur

---

[1] Saint-Jérôme atteste que dès les premiers âges du monde les Celtes ont occupé l'Espagne. — Cluvier dit : les Ibères ou Celtes-Ibères des Pyrénées, ainsi que toutes les peuplades de l'Espagne, étaient des colonies des Celtes.

premier chef, mais il fut leur premier législateur. Il naquit dans l'enfance du monde, dans un temps où le miel venait de succéder à une nourriture plus sauvage, où les pères avaient commerce avec leurs filles. Lui-même naquit d'une semblable union. Il donna des lois aux Celtes-Ibères, les rassembla en corps, et de brutes qu'ils étaient, il en fit des hommes. Il inventa la charrue et l'art du labourage. Hommes simples, ils n'avaient d'autres trésors que leurs troupeaux, d'autres soins que de les garder. Ce régime patriarcal subsista longtemps, mais le besoin et la nécessité soumirent l'homme au travail; on défricha la terre ingrate, on traça les communications, on inventa les limites. De ce moment, la violence l'emporta sur le droit, et la force tint lieu de propriété. Bientôt un essaim de Celtes et de Celtes-Ibères osa braver les dangers de la mer à *Gà-des* (Cadix), et firent alliance avec l'Océan, en laissant, pour perpétuer la mémoire de cette périlleuse expédition, ces fameuses colonnes dont parle Philostrate. Ils traversèrent le détroit de Gibraltar sur des *gal-ions*, *gal-iotes*, *gal-ères* informes, auxquels nos ancêtres ont laissé leur nom, et se jetèrent sur cette vaste et brûlante contrée africaine, à laquelle ils donnèrent le nom de *Libya, id est incensa*, qui, selon le savant Bodin, signifie *incendie*[1]. Ils s'établirent sur la côte du détroit; ce fut là que leur chef ANTHÉE, *ce fils de la terre, fonda Tangis*, aujourd'hui *Tanger*. En les suivant, on voit qu'ils fondent la nation des *Éthiopiens*, les colonies des *Palyuriens*, des *Tisuriens*, des *Suburiens*, des *Gannuriens*, des *Tebestiens*, des *Ombriens*; ils s'établissent le long de la rivière *Ser-bêtos*, de là on les voit passer en Phénicie et se placer à *Ser*. Tous ces peuples, soit dans l'étymologie de leurs noms, ou dans les circonstances de

---

[1] Aristote, Ellien, Eustache, nous apprennent que les autels ou colonnes d'Hercule ont été élevés par un héros Celte, et furent d'abord nommés *Aræ Saturni*, ensuite *Aræ Briarei*, puis *AræHerculis*; c'est-à-dire que le territoire de *Cadix* passa de la domination de *Saturne*, qui désigne les siècles postérieurs au déluge, sous celle de *Briaré*, dont le nom veut dire *premier feu*, et fut dans les âges suivants nommé *Hercule*.

leur établissement primitif, nous offrent les marques les plus sensibles d'une origine celtique, et les vestiges de leur grande migration en Afrique.

Le sol égyptien était nommé *Qoùss;* les Égyptiens s'appelaient entre eux *Qoùssians. Qoùssian* signifie *enfant de la terre;* nom qu'ils tenaient des Celtes des Pyrénées, ces enfants primitifs de la terre. Les habitants des Landes s'appellent encore *Cousiots.* En Égypte, *Isis* symbolise *la terre*, comme chez les Celtes. *Is-Is* signifie *double feu*, pour exprimer que la terre est doublement échauffée par sa chaleur et celle du soleil. *O-siris* symbolise l'eau qui féconde l'Égypte. Il est représenté tenant à la main un T, attaché avec un anneau et un sceptre de l'autre main, comme le souverain par excellence. Isis et O-siris étaient le roi et la reine, le frère et la sœur, le mari et la femme, pour démontrer aux hommes qu'ils étaient tous deux l'ouvrage de Dieu, et que l'un contribuait à la fertilité de l'autre. Horus s'appelait Hur, *le feu.* Le règne d'*Horus*, placé après O-siris, signifie que les arts, auxquels il préside, vinrent à la suite de la découverte du feu. Le mot *Égypte* indique *le Nil débordé. Siris* est le nom primitif et positif du *Nil*. On ne l'appelle Nil que vers le lieu où il rassemble toutes ses eaux pour déborder sur le sol égyptien. On lui donna une tête de bœuf, pour faire entendre qu'il était le père des moissons. Voilà toute l'explication de la mort et de la résurrection d'O-siris.

Cicéron nous atteste que *Thout*, le second *Hercule*, passe pour le fils du Nil, et pour avoir tracé les caractères phrygiens. *Alter Hercules traditur Nilo natus, Egyptius, quem aiunt Phrygias litteras conscripsisse.* Ainsi il résulte que les Égyptiens ont reçu des Phrygiens l'art d'écrire. Comme la plupart des colonies celtiques, ils ne manquèrent pas de s'attribuer les conquêtes scientifiques de leurs fondateurs : de là tant de Vulcains, de Prométhées, de Jupiters, d'Hercules, de Mercures. Les caractères populaires des Egyptiens leur étaient venus de Phrygie par les Briges d'Europe, fondateurs des Phrygiens, et leurs connaissances astronomiques des Chaldéens et des Syriens, peuples celtes établis en Orient plusieurs siècles avant que l'Egypte fût un pays habitable. De même qu'ils avaient emprunté la méthode de commencer l'année au mois de septembre, de ces peuples qui, eux-mêmes, la tenaient des Phrygiens.

Ce peuple présomptueux voulut long-temps se faire passer pour le premier et le plus ancien de la terre ; mais il fut obligé de céder justement cette gloire aux Scythes et aux Phrygiens, qui, eux aussi, n'étaient que des rameaux du grand tronc celtique. Ils avouaient eux-mêmes qu'ils étaient originaires de l'Hespérie ou Celte-Ibérie pyrénéenne. Hérodote dit qu'autrefois ils avaient vu naître le soleil où il se couche actuellement. Ce qui me le prouve, c'est l'identité du bœuf *Apis*, symbole du labourage et de la fécondité de la terre chez les Égyptiens. Chez les Celtes-Ibères, nous voyons pareillement, dans les plus anciens âges, un roi du nom d'*Abis*, inventeur de la charrue, fils de Gargorès, inventeur des ruches à miel.

Les Égyptiens rendaient un culte religieux à d'anciens personnages celtes ; ils s'attribuaient les mêmes chroniques, les mêmes événements, l'invention des premiers arts, la découverte du feu, celle des métaux. Diodore de Sicile convient que la gloire de toutes ces inventions appartient en propre aux nations voisines des monts Pyrénées. Quand l'aveu des Égyptiens nous manquerait sur leur origine, n'est-il pas évident qu'il y a identité entre leur dieu Apis et Abis, roi des Celtes-Ibères : ensuite la grande conformité de l'idiôme égyptien avec la langue celtique, qui a frappé tous les savants, justifie pleinement l'opinion que les Égyptiens civilisés sont un établissement de Celtes postérieur à la grande migration incendiaire de la Libye.

Les Égyptiens étaient une horde d'hommes sans lois, sans arts, errant de caverne en caverne, dans les roches voisines des cataractes, et ne se nourrissant que de reptiles. Voilà le peuple primitif, marchant de pair pour l'antiquité avec toutes les autres nations sauvages. Mais si l'on me demande quel peuple étaient les Égyptiens policés, auteurs de ces belles lois, de ces magnifiques monuments, objets de notre admiration, je dirai que c'était une colonie de Celtes-Ibères, civilisant le peu de naturels de ce pays inondé par le Siris (le Nil), prescrivant à force d'art un lit à ce fleuve qui usurpait le sol égyptien par ses débordements annuels, et qu'ils en firent avec le temps le centre du commerce, de la politique, des arts, des sciences, et de l'industrie humaine.

La clef de l'histoire primitive de l'Italie est celle de toutes les autres contrées de la terre. Macrobe dit : En langue toscane, IT signifie *Saturne*. De là vient le nom d'Italie *ithi-alumna*, l'élève de Saturne, ce qui la fit surnommer Saturnienne. Ainsi sa dénomination est d'une moyenne antiquité, et les noms qui figurent dans ses chroniques sont le symbole d'un événement. SATURNE, c'est-à-dire SATUS-URNA, *le fils de l'urne ou de l'eau*. C'est la terre italique sortant des eaux qui l'avaient submergée. PICUS, *la pointe des montagnes*. Ce mot celtique indique l'époque où la terre sortant des eaux, les sommets des montagnes commencèrent à paraître. C'est ce moment curieux, dont Orphée, Thalès, Platon, Varron, Virgile, Strabon, Ovide, nous ont transmis la mémoire. Faunus désigne le temps où l'espèce humaine se nourrissait de *faines*. Latinus désigne l'époque où les hommes étaient cachés dans le creux des cavernes et à l'ombre des forêts, *latebat in speluncis et sylvis*, ne connaissant pas l'usage des maisons. Labinie signifie la destruction des forêts où vécurent les premiers humains. Ascagne, c'est le règne d'Askenas, ou la conquête primitive de l'Italie par les Celtes, qui furent nommés *Ascanites*, ou descendants d'*Askenas*.

Les Celtes, après avoir fondé la colonie des Ombriens, conduite par Ligur, se firent jour en mettant le feu aux forêts de l'Adriatique (privée de chênes), et fondèrent le premier peuple *ligurien* du nom de leur chef Ligur, ce Titan fils de la terre et du feu.

Tous les auteurs conviennent que les plus anciens possesseurs de la terre italique ont été les Ombres. Solin nous apprend, d'après les plus fortes autorités, qu'ils étaient une colonie des plus anciens Celtes : *Progeniem veterum Gallorum Ombros.* Et de plus, dit le même auteur, un peuple diluvien : *Quod tempore aquosæ cladis superfuerunt.* Le savant empereur Julien reconnaît pour *Celtes* tous les peuples de l'Italie et de Ligurie. Denys d'Halicarnasse assure que les *Ombres*, les *Toscans*, les *Aussonnes* et les *Latins* étaient compris sous le nom général de *Tyrrhéniens*, colonies des plus anciens *Celtes*. Quand Virgile écrit que DARDANUS était parti de la région tyrrhénienne, *Tyrrhenâ a sede profectum*, pour fonder dans la Troade *Ilion*, il faut entendre *un établissement celtique de l'Étrurie;* car les seuls Ombres faisaient partie des Tyrrhéniens et des Ligures. Aussi les Romains reconnaissaient que, outre l'identité d'origine qu'ils avaient avec les Éduens, il y avait encore identité et consanguinité entre eux et les Troyens, dont la source était la Celtique, comme l'assurent Tite-Live, Étienne de Byzance et Pline. Les Romains sont donc Celtes d'origine; et les vastes conquêtes qu'ils firent, l'empire du monde où ils parvinrent, sont autant de merveilles opérées par une colonie celtique, à laquelle Rome dut sa naissance [1].

La dénomination de *Scythes* signifie usant de monture, *utentes scanditione, sive equo utentes*. Ils ont pour fondateur TARGITAUS, *le flamboyant*, ce qui dénote l'arrivée d'un peuple incendiaire. Ainsi, je suis fondé à croire que l'origine des nations scythiques est due à un corps d'hommes à cheval qui, les premiers, ont soumis les peuples ultra-germains établis le long du Borysthène et de la Vistule, et qu'ils ont donné le nom de Scythie à ces pays pour désigner le domaine et la conquête des *guerriers à cheval*. Ce que je dis des Scythes occi-

---

[1] Strabon dit positivement que les Vénitiens sont originaires de *Vannes en Bretagne*. — Denys d'Halicarnasse parle de trois villes de Rome en Italie plus anciennes les unes que les autres. Il dit : La plus récente fut fondée par Romulus sur les débris de celles fondées par les Celtes. — Tive-Live dit : Sous le règne de Tarquin l'ancien les Gaulois firent une irruption en Italie, où ils fondèrent Milan, Vicence, Côme, Pergame. Le même auteur ajoute qu'ils portaient sur eux de riches ornements d'or, dans un temps où à peine les Romains connaissaient ce métal.

dentaux doit s'appliquer aux Scythes asiatiques ainsi qu'aux Sarmates. Les Scythes allaient au combat sur le chant phrygien. Leur serment était de jurer par Vesta. Il résulte de leurs traditions, usages, culte, et de leur propre aveu, qu'ils sont un établissement de *Celtes-Uriens*, comme de celui de Plutarque, qui dit : Les Scythes ne sont qu'une branche du grand tronc celtique.

Transportons-nous en Asie. *Asia* est le mot celtique *Asir*, qui signifie *brûler*. Les plus anciens peuples civilisés de cette partie du monde sont les *Phrygiens*. Hérodien les appelle *Brigantes*. Hérodote dit : Le mot *Phryges* n'est autre que le mot *Briges* prononcé dans l'idiôme asiatique. C'est donc à titre de colonie des Briges d'Europe que les Phrygiens furent reconnus pour les plus anciens peuples de la terre : *Primi-genii Phryges*, les fils aînés de la terre [1].

---

[1] Cicéron, dans son traité de l'orateur, dit : Les Phrygiens furent autrefois appelés *Briges*. — Pline n'a point ignoré cette vérité importante de l'histoire primitive ; il dit, livre cinquième : Plusieurs auteurs ont écrit que les *Myssiens, Phrygiens et Bithyniens* asiatiques sont autant de colonies d'Eu-

Hérodote ajoute : Parmi les *Assyriens* étaient les *Chaldéens*. Les *Assyriens*, comme colonie phrygienne, portaient les mêmes armes que les Phrygiens. Les Phrygiens ont gardé le nom de Briges tant qu'ils ont demeuré en Europe ; mais depuis qu'ils ont passé en Asie, ils ont changé de nom en changeant de pays, et ont été appelés Phrygiens.

Les *Phéniciens* avaient pour père, a écrit Solin, *Phenix foxi-enixus*, enfanté du feu. Il en fait un *Ti-tan* ou *Cyclope*, dont l'ancienneté touchait à la naissance du monde, puisqu'il était plus ancien que *Jupiter*. Par cette race d'hommes, plus ancienne que Jupiter, il faut entendre l'espèce *saturnienne* échappée au déluge, qui, sous le nom de Cimmériens, vivait dans les forêts de la Celtique privées de l'aspect du ciel.

Les Phéniciens furent les premiers qui ex-

rope qui sont venues s'établir en Orient.—Appien dit : La *Dardanie*, contrée *Phrygienne*, a reçu ce nom d'une tribu d'origine celtique. — Tite-Live dit : *Ilion* est une dénomination *Brige*, c'est-à-dire d'origine celtique, et *Pergame* est synonyme de *Bergame*.

ploitèrent les mines d'or et d'argent découvertes par le fait de l'incendie des monts Pyrénées. Avant cet incendie, il n'y avait ni art, ni commerce, ni chemins pratiqués, ni industrie, ni échange de denrées entre les peuples. Il est donc prouvé à la rigueur que les Phéniciens sont une colonie celtique, et les témoins nés de l'incendie primitif des forêts. Ce qui se trouve exprimé dans leur nom de Phéniciens, qui signifie *engendrés du feu*, ou *fils de l'incendie*. Aussi ne faut-il plus s'étonner du rapport évident que tous les savants ont remarqué entre la langue phénicienne et l'idiôme celtique.

L'emblème des monnaies phéniciennes était l'*enlèvement d'Europe*. Elles figurent le passage primitif des Celtes en Asie ; car le symbole d'un trajet de mer chez les anciens était un bœuf, comme *Bos-phore*, passage du taureau. Europe traversant la mer sur un taureau, symbolise le premier passage de la jeunesse européenne en Asie. Les monnaies des Athéniens avant le règne de Thésée, avaient l'empreinte d'un bœuf. Elles leur étaient communes avec les Phéniciens.

Le pays occupé par les *Chaldéens* s'appelait *Ur ab urendo*, c'est-à-dire *Uriens et incendiés*. Leur nom venait du mot *Khalda*, qui, en langue chaldéenne, signifie *brûler*. Rufin dit qu'autrefois les Chaldéens portèrent dans toutes les contrées le feu, qui était la divinité de cette nation. Ils firent, avec cette arme, la guerre aux dieux des autres pays. Il arriva que le feu eut, en tous lieux, l'avantage sur ces divinités; car, de quelque matière qu'elles fussent, elles ne pouvaient résister à son attaque [1]. Ce passage renferme une des traditions les plus curieuses de l'histoire primitive, un vestige de l'expédition des Celtes, et la guerre qu'ils portèrent, la flamme à la main, chez toutes les nations [2].

Voltaire nous dit qu'un des points du culte,

---

[1] Charles Étienne, dans le Dictionnaire historique et poétique latin (1578), rapporte au mot canope l'origine incendiaire des Chaldéens.

[2] Les Chaldéens étaient un de ces peuples galates, établis, comme le dit Solin, dès les premiers âges du monde dans les plus belles contrées de l'Asie, une colonie celtique sortie la flamme à la main de notre pays.

chez les Chaldéens, était de se tourner vers le nord en priant : sans doute comme vers leur primitive patrie. Dion et Justin ont remarqué dans l'idiôme chaldéen, une infinité d'expressions communes à la langue celtique.

Moïse nous dit dans la Genèse, que l'œuvre de la création a été de six jours. Cette donnée est la même que celles des Toscans, des Phéniciens, des Chaldéens et des Perses. Les docteurs hébreux conviennent eux-mêmes que les cinq livres de ce législateur sont allégoriques, et renferment souvent un tout autre sens que celui que présente la lettre. Josèphe reconnaît les *Hébreux* pour une *colonie chaldéenne* : il dit : Les noms *Arabes, Abaris, Ibères, Hébreux*, sont synonymes. Saint Jérôme ajoute : Le nom d'*Arabes* signifie *peuples venus du couchant*.

Plus on fouille dans les annales hébraïques, plus on est convaincu qu'ils étaient un rameau du peuple celte. Ils reconnaissaient être sortis du même père que les Arabes. *Abraham* descendait d'*Eber*, dont le nom signifie *pourceau sauvage*. Voilà la véritable origine de l'usage où sont les Hébreux de s'abstenir de manger du porc, par respect pour leur patriarche Eber. L'interprétation du mot démontre clairement qu'à la suite des temps, et à cause du climat brûlant de la Judée, qui entretenait et favorisait la lèpre, les législateurs ont fait aux Juifs un article de religion, de s'abstenir de manger du porc par respect pour le nom de leur patriarche.

Comme tous les peuples qui avaient une origine celtique, les Hébreux employaient le feu dans les purifications. Ils se rappelaient avoir été conduits par une colonne de feu. C'est d'un buisson ardent que Dieu parle à Moïse. Ils consultaient l'avenir par le feu. Ils brûlèrent les premiers des parfums et de l'encens en l'honneur de la divinité. Comme les druides, ils brûlaient des victimes humaines dans la statue de Moloch. Les Celtes, les Celtes-Ibères, les Syriens, les Phéniciens, les Hébreux, mettaient leurs prisonniers en croix. La croix était le signe sacré de Theutatès, elle est encore le signe de la terre et des hommes. La croix se voit fréquemment sur les monuments égyptiens et indiens, sur les vases consacrés, sur les vêtements des prêtres et des divinités d'Égypte. On la voyait aussi sur le vêtement consacré aux cérémonies religieuses des druides. Lorsque les chrétiens démolirent le temple de *Sérapis* à Alexandrie (au quatrième siècle), ils y trouvèrent plusieurs croix gravées sur des pierres. Ce fut cette circonstance, dit l'historien Sozomène, qui détermina plusieurs païens à embrasser le christianisme. Cette identité de signe et d'usage indique l'identité d'origine.

La plupart des mots hébreux ont leurs racines dans le mot Esus. Les noms propres ou de lieux en sont des preuves aussi multipliées que parlantes. PALESTINE, signifie *ancien incendie*; JOPPÉ, *pied de l'incendie*; MACÉDA, *embrasement*; BAHUIM, *deux fois brûlé*; PHILISTIN, *couvert de cendre*. GOMORE, vient de *Gomer*. Voilà des autorités qui confirment l'analogie de l'idiôme hébreu avec la langue celtique. Ce rapport est si remarquable qu'on ne peut l'expliquer qu'en disant : Les Hébreux étaient dans l'origine une branche du grand tronc celtique.

C'est chez les *Ibères* asiatiques qu'était établi le culte de *Prométhée*, de ce Ti-tan inventeur du feu. Ils se glorifiaient d'avoir son tombeau, et plaçaient son berceau sur les monts Pyrénées. Les *Colques*, leurs voisins, conservaient la mémoire du voyage de *Phryxus* dans leur contrée. La fable de l'enlèvement de la Toison-d'Or n'était que l'histoire symbolique de l'expédition que firent les Grecs chez les Colques, pour leur enlever l'or qu'ils tiraient de leurs mines, et dont Phryxus, c'est-à-dire un peuple celte, leur avait jadis donné la connaissance.

Apollonius de Rhodes fait venir des monts Pyrénées les Ibères du Phase. Son témoignage est conforme à ceux de Dionysius, d'Apollodore, de Socrate le Scholiaste et de Prisien. Cluvier ajoute : Les Ibères asiatiques étaient une colonie de Celtes.

Justin nous dit : Les Perses étaient Scythes

d'origine. Ils descendaient des Celtes par les Scythes; car Strabon dit positivement : Tous les peuples occidentaux sont des Celtes, surnommés Scythes : *Celto-Scythæ omnes ad occasum populi.*

Le dogme des anciens Persans indique la marche annuelle, les effets et l'aspect du soleil dans les climats septentrionaux. Ils entretenaient dans les Pyrées, un feu sacré en l'honneur du soleil sous le nom de Mithra. Les corbeaux étaient sacrés dans la Celtique. On retrouve cet oiseau sur les monuments de Mithra. En Thessalie, on en nourrissait en l'honneur du soleil. Le symbole national des Perses était un coq; c'était aussi le symbole national des Celtes. Ammien Marcellin dit : Dans les grandes crises, pour enseigne militaire, ils avaient *une oriflamme à trois couleurs,* appelée *flammeum.* Le roi de Perse la fit porter pour la dernière fois à la tête de ses troupes dans la guerre contre l'empereur Julien. Tout ce qui nous reste de monuments de l'ancienne et de la nouvelle langue des Persans, a la plus grande conformité avec l'idiôme celtique, ce qui confirme encore l'identité d'origine.

Nonnus, dans son poëme sur Bacchus (ch. 25), nous dépeint les alarmes des Indiens, qui, depuis sept ans, étaient en guerre contre Bacchus. (Ch. 28) On voit les Cyclopes et les Corybantes se distinguer en s'armant de torches enflammées. Tout ce poëme est un chant sur la force bienfaisante du feu, représenté par le soleil fort et bienfaisant sous le nom de Bacchus.

Lucain parle aussi des ravages effrayants causés dans l'Inde par les peuples incendiaires; il dit : Lorsqu'on eut annoncé aux Indiens que *Bacchus* ravageait leur contrée, brûlant à la fois les habitations, les forêts et les familles qui les peuplaient; et qu'en très peu de temps il avait couvert de flammes tout le pays de l'Inde..... alors ces peuples se préparèrent à le repousser. — Par cette expédition, il faut entendre la continuation de l'incendie des forêts de l'Asie commencée aux Pyrénées. Bacchus est l'emblème du feu; Orphée l'appelle *Ful-*

gurant ; il était l'équivalent de *Sirius*, de cette étoile de la constellation enflammée, nommée *canicule*, symbole de la chaleur. Eumolpe, poète presque aussi ancien qu'Orphée, et dont ce vers est échappé au naufrage des siècles, dit :

Bacchus ! astre éclatant, enflammé, radieux.

D'Orient en Occident, les Indiens rendaient leurs hommages au feu, par une danse. Aujourd'hui encore les Brames entretiennent un feu sacré sur la montagne de *Tirounalamy*. Dans les pagodes, le soleil était représenté sur un char attelé de quatre chevaux, comme le Phaéton des druides. Ainsi, plus on remonte dans l'antiquité des peuples, plus on trouve de rapport entre eux.

L'Inde entière était couverte de peuples dont la dénomination indiquait une origine celtique, tels que les ARSAGALITES, les *Gaulois incendiaires* ; les GUMBRITES, les *descendants de Gomer* ; les UMBRAS, les *Ombres*. On y trouvait des peuples *Dim-uriens*, les *Urés*, les *Sas-uriens*, les *Suriens*, les *Galli-talutes*, les *Med-uriens*, les *Orth-uriens*, les *Lim-uriens*, les *Soc-uriens*, les *Car-uriens*, les *Galligiques*. Pour comble de conformité avec les Celtes, il y avait un havre appelé *Hipuros*, un promontoire *Caldone*, une rivière *Cantabra*. Si l'on me demande à quelle époque l'on a imposé ces noms, je dirai : Ce fut à celle où les premiers peuples Celtes firent la conquête de l'Orient la flamme à la main, et qu'ils imposèrent leurs noms et leur idiôme aux Indiens [1].

Je laisse le lecteur tirer la conséquence du nom des nombres chez les Siamois qui habitent l'extrémité orientale de l'Inde.

Nêng.	Song.	Sam.	Sii.	Hah.	Houc.	Ket.
1.	2.	3.	4.	5.	6.	7.
Pect.	Cauk.	Sib.	Sibet.	Sib-song.	Tgii-sib.	Sax-sib
8.	9.	10.	11.	12.	20.	30.

Il est aisé de voir que la plupart de ces nominations numériques sont d'origines cel-

---

[1] La parenté de la langue celtique avec le sanscrit a été prouvée d'une manière irrécusable dans un savant mémoire de M. Pictet, couronné par l'Académie des inscriptions.

tiques. Neng est l'Ein des Allemands, avec la réduplication de la lettre N placée au commencement du mot. Song est un abrégé de second. Ket est notre sept que nous prononçons cet. Sib est notre bis renversé. Ils appellent le nombre dix, sib, parce qu'arrivé là, on est obligé de *biner* en reprenant les neuf premiers nombres élémentaires. Sib signifie *second emploi des nombres fondamentaux*, etc. etc.

Presque tous les peuples ont eu des colléges de prêtres et de vestales, à qui était confié l'entretien perpétuel d'un feu sacré. La danse des Curètes remonte à l'origine du feu primitif. Elle avait pour objet d'empêcher les gardiens de s'endormir, et le feu de s'éteindre. Il y avait de ces danses chez les Toscans et les Romains, dans la Samothrace et en Phrygie. Elles étaient exécutées par les prêtres du feu, les Curètes, les Saliens, les Corybantes, les Galles, les Cabyres, les Idées, les Dactyles, les Telkhines. Ces danses s'appelaient Pyrriques, *la danse du feu* [1].

---

[1] Athénée fait mention d'une danse nommée l'*incendie du monde*.

La garde du feu sacré était confiée à des vierges liées par le vœu de chasteté ; sans cette sage précaution, prévue par les législateurs, il eût souvent couru le risque de s'éteindre : ce qui arriva quelquefois. Ces gardiennes imprudentes s'occupaient plus de plaire à leurs amants que de l'entretien de *Vesta*, d'où leur est venu le nom de *vierges folles qui laissent éteindre leurs lampes.*

La cérémonie des HYDROPHORIES, *la fête des Torches*, qui se célébrait à Hiéropolis de Syrie, avait été instituée en mémoire de l'incendie primitif. Dans l'Attique, on célébrait deux fois par an la fête des *Panathénées* ou de *Prométhée*. Ces cérémonies s'exécutaient par des courses où l'on tenait un flambeau à la main : celui qui arrivait au but sans l'éteindre était couronné. Aux fêtes de Cérès on portait des torches en tumulte. Dans toute la Grèce on faisait des sacrifices hyperboréens où l'on portait des faisceaux de paille, et l'on brûlait de la myrrhe, en mémoire de l'incendie des Pyrénées. — Pausanias dit : Les Hyperboréens ont fondé l'*Oracle de Delphes*, où Apollon avait un foyer perpétuel [1]. — A Athènes, la lampe de Minerve Poliade était entretenue sans relâche. Les druides, les Phrygiens, les Syriens, les Chaldéens, les Persans, les Indiens, les Égyptiens, les Grecs, les Romains, ont eu des feux sacrés. Les Guèbres, les Parsis, successeurs des dogmes des anciens Persans, ont conservé le même usage.

---

[1] Posidonius, cité par Athénée, livre 6, chapitre IV, nous apprend que le pays des *Hyperboréens* était situé dans le *Dauphiné*. — Mnaséas prouve que le mot *Delphes* est un mot celtique qui désigne les Celtes du *Dauphiné*. — Macrobe dit : Le mot *Delphes* est un terme honorifique qui signifie le *seul*, l'*unique*. C'est pourquoi *Apollon* ou le *soleil* fut surnommé *Delphique*.

Les Delphiens étaient donc une colonie de Celtes du Dauphiné, ce fut eux qui fondèrent le temple de *Delphes* et l'oracle de *Dodone*. Ce qui confirme cette opinion, c'est qu'on trouve de temps immémorial des *Dodoniens* dans les Gaules. Dupleix nous dit que sous Chilpéric une partie de la Bretagne s'appelait encore *Dodonée*. Les anciens entendaient par Dodone toute espèce de fruit sauvage, chêne, hêtre, cornouiller, châtaigniers, etc., etc. Voilà pourquoi la Bretagne était appelée Dodonée. Par suite de cette antique tradition, on présentait du gland aux nouveaux mariés, pour leur rappeler qu'autrefois les hommes s'étaient nourris de glands dans la forêt de Dodone.

Mes recherches m'ont convaincu que l'origine du blason était aussi ancienne que la première société des Celtes. On trouve dans Plutarque et les autres auteurs anciens, que les armoiries ou symboles des races étaient établies chez les Celtes et les Cimbres, ces descendants des anciens peuples cimmériens, les fils aînés des hommes échappés au déluge. Ces marques distinctives des familles se mettaient sur les chars, la poupe des vaisseaux, les boucliers, la cuirasse, le pommeau de l'épée, le casque, et primitivement sur la peau. Celui qui s'imprimait sur la peau était antérieur à l'usage des habits, et d'une si haute antiquité, qu'Abis, roi des Celtes-Ibères, portait sur son corps ces stigmates distinctifs des races. Hérodote a écrit que ces stigmates étaient les marques de la noblesse. Les Thraces se les imprimaient sur le front, comme sur la partie la plus honorable du corps humain. A mesure que les peuples se vêtirent, ces marques passèrent de la peau sur l'habillement et l'armure. Diodore de Sicile ajoute : L'usage des armoiries était universel dans la Celtique parmi les familles nobles. Les guerriers portaient sur leurs boucliers et leurs casques diverses figures d'airain en relief, qui représentaient des cornes, des figures d'oiseaux ou de quadrupèdes.

Diodore a écrit que les symboles désignatifs des races avaient lieu en Égypte dès les plus anciens âges, et qu'ils étaient parlants. Celui de *Médéon* était un loup ; celui d'*Anubis* un chien. *Nilée*, héros descendu du Nil, portait pour emblème les sept embouchures de ce fleuve, dont l'une était d'or et les autres d'argent. Le symbole de Jupiter Libyen était un bélier ; Apollon avait un corbeau ; Bacchus, un bouc ; la Lune, une chatte ; Junon, une vache ; Vénus, un poisson ; Mercure, un ibis ; Esculape, un serpent ; Minerve, une chouette ; Mars, une pique ; Neptune, un cheval. Chaque arbre et chaque plante servaient de symbole à une divinité. Bacchus avait pour symbole le lierre et le pampre ; Cybèle, le pin ; Apollon, le laurier ; Minerve, l'olivier ; Jupiter, le chêne ; Hercule, le peuplier ; Vénus, le myrte. La marque de la royauté chez les Égyptiens était d'avoir le chef orné d'une tête de lion, de taureau, ou de dragon. Coutume qu'ils avaient empruntée des Celtes, chez qui cette prérogative était celle des chefs de la nation, mais encore de toute la noblesse.

Oscus, roi des Toscans, qui régnait l'an 450 avant la fondation de Rome, avait pour symbole un serpent.

Les Gergithiens, peuples de Phrygie, avaient une monnaie empreinte d'une sibylle, et les Persans l'empreinte du sagittaire.

Hérodote parle des figures tracées sur les boucliers cariens, c'étaient des lions, des loups, des cerfs, des chiens, des aigles, des vautours, des dragons. Ces figures passèrent ensuite du bouclier sur l'anneau. Le symbole du Jupiter de la Grèce était une chèvre, Amalthée, ou un aigle portant la foudre; Persée avait une Gorgone; Hercule, un immense dragon; Aventinus, descendant d'Hercule, avait une hydre; le symbole de Turnus était l'urne du fleuve Inachus et l'aventure d'Io; le bouclier d'Achille avait une mer et des néréides pour emblème;

l'attribut de Canapée était un homme nu, tenant une lampe allumée ; le symbole d'Ulysse était plusieurs dauphins ; celui de Thésée, une Pallas ; cet emblème devint celui de la ville d'Athènes. Alcibiade avait pour symbole un amour avec des flèches ; le symbole d'Hippomédon était un typhon jetant des flammes et de la fumée par la bouche. Le bouclier d'Amphiaraüs représentait un serpent Pithon ; celui qu'Agamemnon tenait de ses pères avait une Gorgone ; mais sur la poupe de ses vaisseaux il portait pour emblème une figure aux pieds de taureau, représentant le fleuve Alphée. Le symbole de la famille de Castor et de Pollux était un cygne, et leur emblème particulier un cheval. Indépendamment des emblèmes particuliers, chaque peuple et chaque ville avaient un symbole. La cigale était celui des Athéniens. Les Macédoniens portaient à la tête de l'armée un bouclier sacré, sur lequel était l'effigie de la Minerve troyenne. La lettre M était le blason des Messéniens ; la lettre L, celui des Lacédémoniens. L'écusson général des Grecs représentait Neptune.

Le blason des familles romaines se marquait sur des bagues qui leur servaient de cachets. Le cachet d'Auguste était l'étoile de Vénus; celui de Messène, une grenouille; le grand Pompée avait un lion armé d'un glaive; Octave, un sphinx; Sylla avait un Jugurtha enchaîné; Commode, une amazone. Le heaume des Scipions représentait des foudres. Le bouclier de Brutus représentait un soleil. Chaque légion avait son symbole particulier.

On voit par la ressemblance des principes, des dogmes, des usages, des idiômes de toutes ces nations, qu'elles ont une origine unique. Chez les Celtes, les druides vivaient dans les forêts. Les mages chez les Chaldéens et les Persans, habitaient le sommet des montagnes. En Égypte, les prêtres avaient pour demeures de vastes et profonds souterrains. Les Éthiopiens et leurs gymnosophistes, les Indiens et leurs brames, avaient des lieux qui leur étaient consacrés. Tous menaient, dans la retraite, une vie frugale et laborieuse. Tous avaient de longs jeûnes et de rigides austérités. Tous avaient des marques distinctives et des symboles. Tous prêchaient la douceur et la bienfaisance, et surtout furent célèbres par la pureté de leur morale et la sagesse de leurs lois. Tous étudiaient l'astronomie et la médecine. Tous chantaient dans leurs hymnes les bienfaits de la divinité et les merveilles de la nature, en enseignant *l'existence d'un Dieu unique et l'immortalité de l'âme.*

Je vois en tous lieux, chez tous les peuples, deux époques primitives se succédant sous divers noms symboliques, *le déluge* et *le premier feu.* Comme aussi, sur quelque région que l'on jette les yeux, on trouve les traces de la première migration des Celtes. Ensuite, leur langue monosyllabique, dont les racines sont celles de l'étrusque, du sabin, du phénicien, de l'égyptien, du phrygien, du chaldéen, de l'hébreu, du scythique, du persan, de l'indien, prouvent démonstrativement que la France portait des habitants, des hommes, quand l'Italie, la Phrygie, l'Égypte, la Phénicie, la Grèce, la Judée, tous pays qui prétendent à la priorité d'existence, étaient encore ensevelies sous les eaux de la Méditerranée.

Les Toscans, dont l'antiquité se perd dans le chaos de la nuit des temps, avouaient avoir reçu des Celtes les premiers principes de toute science et de toute sagesse. Aristote le reconnaissait quand il dit, dans son *Traité sur la Magie* : « La philosophie et les hautes sciences ont pris naissance chez les druides, prêtres gaulois. » Diogène Laerce ajoute : « Le dogme des druides et celui des gymnosophistes de l'Inde étaient absolument le même. » Une autre qualité, innée chez les Celtes, était l'éloquence, cette fille des nobles passions et de la liberté! Dans la réunion des états de la nation, où l'on traitait de la paix et de la guerre, des affaires publiques et religieuses, l'éloquence maîtrisait les esprits ; empire d'autant plus flatteur qu'il était exercé sur des hommes libres. Noble aiguillon pour l'honneur et l'émulation, où tout guerrier était aussi dispos à parler qu'à combattre!... Il n'est donc pas surprenant qu'une pareille nation ait produit, chez les Thraces, des

Orphée, des Thamyras, des Ephorus, des Musée ; à Thèbes, des Pindare ; en Syrie, des Homère ; en Italie, des Virgile [1] !

Tous les caractères ont une seule et même origine. De la Celtique ils passèrent en Éthiopie et en Égypte, puis en Italie, en Illyrie, en Thrace, en Phrygie, en Syrie, en Phénicie, en Chaldée, en Perse, et jusqu'aux extrémités du monde, où les fils d'Adam, les Celtes imprimèrent leurs pieds sur le sommet du cône granitique de l'île Taprobane !

Les langues ont donc aussi une même origine, car une langue ne s'établit qu'avec peine et à la longue dans un pays peuplé d'hommes assez forts pour résister aux attaques des nomades qui parcouraient le monde ; et quand cette langue fut fixée, qu'elle eut ses règles, qu'elle pu rendre clairement tout genre d'idée,

---

[1] Caton l'ancien a écrit : *Les Celtes n'avaient de maîtres, ni dans les armes, ni dans l'éloquence. Duas res Gallia industriosissime persecuta, rem militarem et argutè loqui.* — Juvénal, qui louait rarement, mais à propos, appelait la Gaule le *pays de l'éloquence*. Saint Jérôme dit : L'éloquence gauloise était pleine et abondante : *Ubertatem gallici sermonis.*

quel progrès ne dut pas faire dans le monde ce premier instrument de l'esprit humain. On n'a pas assez réfléchi sur l'effet des grandes inventions sur la terre.

Ainsi, je conclus que cette identité de caractère, d'idiômes, d'usages, de religions, répandus dans cette large bande qui sillonne la terre du promontoire Gobée au cap Comorin, a une cause, une origine unique ; et quand on cherche la solution d'un pareil problème par la distance des deux points, on ne peut expliquer ce prodige que dans l'expédition que firent les Celtes, à l'aide du feu, jusqu'au pays des Gangarides, en semant sur leur route les connaissances positives et le germe de toute science.

On sent combien ces rapports appuyent ce qui a été fait par nos ancêtres, et la connaissance des premiers arts portés par eux chez toutes les grandes nations orientales. Car, à partir des Alpes, ils se jettent sur l'Italie et l'Illyrie, incendiant les forêts dont ces contrées étaient couvertes, et colonisant tout le pays situé entre la mer Adriatique et cette longue chaîne de montagnes qui s'avance jusqu'au cœur de la Grèce, soumettant l'Epire, la Macédoine et la Trace jusqu'à Byzance. En Asie, nous trouvons les Phrygiens, les Assyriens, les Phéniciens, les Chaldéens, les Hébreux, appelés dans la Bible, les peuples du pays de Ur ou *d'Europe*. Les Scythes et les Sarmates asiatiques, les Bactriens et les Ibères orientaux, l'une et l'autre Arabie, les Perses, adorateurs du feu, les Sogdiens, les Seres ou peuple du soir, les Indiens et les Éthiopiens d'Asie, fort différents de ceux d'Afrique, tous peuples qui, dans l'étymologie de leurs noms ou dans les circonstances de leur établissement primitif, offrent les marques d'une origine celtique; de même qu'ils nous offrent les mêmes emblèmes des premiers âges personnifiés par des mots symboliques, qu'on a pris jusqu'à présent pour des noms propres.

Après le déluge, les descendants de Noé se dispersèrent sur la terre, et par cette dispersion on en voit les diverses parties occupées et peuplées par ces descendants. Ce qui démontre à l'homme impartial qu'à cette époque si reculée, où les symboles tiennent lieu d'histoire, les Celtes, tourmentés par un excès de population, versaient partout leurs colonies. Ce sont là ces peuples *Cimmériens*, ces *Ombres* primitifs, qui se glorifiaient à juste titre d'être *Aborigènes* et *Autocthones*, espèce d'hommes qui couvraient la Celtique avant l'incendie des Pyrénées. Ensuite, par la volonté de Dieu, il s'éleva parmi ces hommes *diluviens* un peuple civilisateur et conquérant qui, de son premier berceau, s'étendit jusqu'à la région d'argent, à la Chersonnèse d'or, au pays des Sines, et y introduisit ses lois, usages, culte; et ce peuple par excellence, qui dans ses migrations a mêlé son idiôme et son sang à celui de toutes ces nations, est LE PEUPLE CELTE!... *ce fondateur de toute société!*

IV.

LE SOL DE LA PATRIE.

D'Autun, je me rendis à Cussy, pour y voir sa colonne située au milieu des champs. Ce village est entouré de montagnes de tous côtés. Le soubassement de cette colonne est composé de trois assises d'un seul bloc dans toute l'épaisseur du monument. La base forme un carré dont les angles sont émoussés. Elle prend naissance dans une couronne de pierre d'un seul morceau. Au dessus de cette base est posé un autel octogone en deux pièces, représentant sur chacune de ses faces la figure d'une divinité. La plinthe qui le supporte, et la corniche dont il est surmonté, sont formées d'une seule pierre. Au-dessus s'élève le fut de la colonne, orné, à sa partie inférieure, de rhombes dans lesquels il y a une rosette. Sa partie supérieure est sculptée en forme d'écailles. Le haut de la colonne manque. Le monument est composé de douze pièces depuis sa base jusqu'à son sommet actuel. Les figures qui l'ornent sont : Og-mi, portant une massue et une peau de lion. La seconde représente un captif gaulois vêtu d'une saie, sa tête est nue et ses mains enchaînées. Il indique la troupe vagabonde des Bagaudes vaincus par la Force et la Prudence. Ensuite on voit une Minerve dans l'attitude de la réflexion, ayant près d'elle une chouette perchée sur un bâton ; à ses pieds, un tronc d'olivier, symbole des douceurs de la paix. A côté est Junon, la tête couverte d'un voile. Elle tient dans la main droite une patère ; dans la gauche la haste signe de sa puissance ; à ses pieds est un paon. A la droite de Junon est Jupiter, son manteau sur la cuisse, la haste dans la main droite. Près de lui **Ganymède**, coiffé d'un bonnet phrygien, présente, dans une patère, l'ambroisie à l'aigle de son maître. La septième figure est entièrement frustée. Dans le dernier tableau on voit une nymphe qui tient d'une main une rame, de l'autre une urne d'où l'eau s'échappe. C'est la divinité de la Saône qu'on a représentée dans cette allégorie, où les dieux protecteurs des Gaulois et des Romains semblent, par leur présence, avoir participé à cette mémorable victoire où les Bagaudes furent totalement détruits.

Ce pèlerinage accompli, je retournai à Autun. En sortant de cette cité pour me rendre à Châlon, je jouis d'un de ces effets de lumière qui frappent quelquefois dans nos montagnes. Un brouillard épais chargeait l'atmosphère ; l'obscurité régnait autour de moi : dans le lointain, le soleil perçait un nuage, et colorait les villages, dont le sommet doré des clochers se rapprochait : je distinguais les arbres et le brillant de la rosée, à une distance où, dans une autre disposition du ciel, je n'aurais aperçu que des masses obscures. Ces grands effets de la nature m'enchantent comme les hardiesses de Litz, la fougue fantastique de Granville, les hymnes de Béranger, les chants d'Hugo ou la poésie des prophètes !

Rien de plus pittoresque et de plus varié que le spectacle qui s'offre à l'œil du voyageur dans ce trajet. J'ai vu des scènes plus vastes, jamais de plus agréables. Ce ne sont que des châteaux et des villages qui se détachent sur le fond bleu d'un vaste horizon, de fertiles vallées, de verdoyantes collines ; ou des ravins profonds sur les bords desquels bondit la chèvre capricieuse et hardie.

La nuit me surprit à Saint-Léger, et ne me permit pas de jouir d'un continuel rideau de verdure que l'on peut apercevoir de toutes les parties de la route, mais j'en fus dédommagé ; je n'avais pas assez de mes yeux pour contempler le grandiose d'une magnifique aurore boréale, phénomène très rare dans nos contrées, qui se déployait alors dans toute la magie de ses lumières phosphorescentes, dans lesquelles se jouaient des feux de couleurs les plus riches.

Ce ne fut d'abord qu'un jet de mille rayons blancs qui montaient de l'horizon vers le zénith, se divisaient, et prenaient la forme de longues draperies étincelantes qui semblaient ondoyer sous le souffle du vent ; son arc immense, d'un blanc brillant, passait successivement d'une nuance à l'autre ; il devenait bleu, jaune, vert, puis réflétait toutes ces nuances à la fois ; son bord inférieur, nettement dessiné, tranchait vivement les ombres de l'horizon, tandis que son bord supérieur allait se confondant avec la lueur qui éclairait tout le ciel. Bientôt la décoration changea : je vis apparaître une des plus belles couronnes zénithales, ornée des couleurs les plus vives et les plus variées, d'où s'élançaient des faisceaux de lumière qui inondaient l'immensité du firmament ; jamais je n'avais rien vu de semblable. J'admirais combien les ouvrages des hommes sont mesquins, en face de cette vaste et puissante scène où le moindre vouloir du décorateur surpasse des milliards de fois les efforts les plus opiniâtres des pâles imitations de cette nature, sublime dans sa simplicité. Oh! les hommes sont bien faibles devant elle! Comment peuvent-ils loger l'orgueil dans l'étroitesse de leur cerveau, déjà si rempli de leurs passions? La pitié qu'inspire leur folie peut seule garantir de la colère, et le moraliste a plus besoin de compâtir à leurs faiblesses pour les guérir, que de s'armer du fouet pour les châtier.

Rien n'est plus hypothétique que ce que nos savants ont dit sur le phénomène qui venait de s'accomplir sous mes yeux. C'est le propre des sciences humaines d'aller à tâtons dans les choses qui tombent sous nos sens. S'il faut en croire les uns, l'aurore boréale est due à la réfraction des rayons solaires dans les couches d'air atmosphérique de notre horizon. Mais cette réfraction ne produit guère qu'une durée plus ou moins longue de ce que Brandes désigne sous le nom de *lueur crépusculaire*, qui a beaucoup plus de durée dans les pays froids que dans les régions équatoriales, où, d'après les observations d'Humboldt, quelques minutes suffisent pour la disparition de cette lueur. Il est possible encore que les particules aqueuses et glacées qui nagent dans l'atmosphère, soient plus abondantes sous l'influence d'un abaissement de température : la lumière qu'ils réfléchiront, passant alors par des milliers de prismes, ne pourrait-elle pas dans ce cas produire les effets de couleurs variées que je venais de voir ; et cela ne rendrait-il pas compte de la fréquence des auroles boréales dans les latitudes septentrionales, en même temps que cette fréquence elle-même ne serait due qu'à ces causes accidentelles que je viens d'exposer ? Encore ne pourra-t-on jamais expliquer l'aurore boréale d'une manière satisfaisante, si l'on ne joint à toutes ces causes l'action directe du magnétisme de la terre.

La nuit était belle, le rossignol faisait entendre du haut des arbres une gamme brillante et pleine de tendresse. Jamais je n'avais entendu une harmonie aussi plaintive ; je me la figurai sortant d'une vallée aride où le genêt couvre la terre de sa morne verdure. Les fleurs s'humectaient des gouttes éblouissantes de la rosée ;

je respirais une odeur d'herbe fraîche qui me faisait plaisir. Je sentais sur ce sol fortuné que l'amour de la patrie remplissait toute l'étendue de mon cœur quand j'arrivai à Châlon, où je fus obligé d'aller me coucher tout prosaïquement. Je m'en dédommageai le jour suivant en visitant cette cité, l'honneur de la Bourgogne et une des plus fortes colonnes du sanctuaire de la liberté !

Il serait difficile de trouver une ville non maritime plus avantageusement située que Châlon ; les routes qui y aboutissent circulent dans un pays où de toutes parts s'élèvent de jolies maisons, d'élégants pavillons, de beaux villages tous revêtus de pampres ; son territoire est le plus abondant et le plus fertile de cette noble Bourgogne. Bâti dans une plaine riante et capricieuse, sur les bords de la Saône et à l'embouchure du canal du Centre, il jouit d'un avantage commercial unique. Aussi le mouvement y est-il continuel, et le commerce d'une activité dont les ports de mer les plus fréquentés peuvent seuls donner une idée :

c'est un arrivage continuel de barques, de trains, de bateaux à vapeur, qui se succèdent sans interruption ; la vie industrielle s'y révèle à un puissant degré. Ce n'est pas seulement de nos jours que cette cité a acquis l'importance encore bornée que sa position lui assure dans le grand mouvement commercial, qui est le caractère distinctif de notre époque : déjà les anciens, César, Strabon, Charlemagne, puis Napoléon, la mettaient au rang des situations les plus heureuses, les plus importantes du globe.

Les Romains, grands appréciateurs et excellents juges de tout ce qui pouvait concourir à alimenter le colosse de leur empire, devenu aussi vaste que le monde, l'entourèrent d'une triple enceinte de briques dorées, qui lui fit donner le nom d'*Orbandal* ; ils y avaient pratiqué plusieurs voies qui établissaient de faciles communications entre Châlon, la Grande-Bretagne, la Germanie, Marseille et Rome, ce centre du mouvement du monde civilisé. Jules-César y entretenait une flottille de bateaux pour l'approvisionnement de ses troupes ; c'était un dépôt de vivres et de munitions, le point central du grand commerce de blé pour toute cette partie de la Gaule. Malgré tous ses avantages, il ne jouissait pas du titre de cité; il n'était désigné que sous le nom de *Castrum*, dénomination qui prouve que les vainqueurs étaient plus occupés des bénéfices de leurs victoires que des moyens de consolider leurs conquêtes, en faisant oublier ce qu'elle avait d'odieux pour un peuple si jaloux de son indépendance et de sa liberté!

Je ne doute pas qu'un jour Châlon ne doive à sa position géographique, trop peu appréciée en ce moment par nos hommes politiques, un développement que le mouvement des intérêts matériels, qui serviront inévitablement de lien à tous les peuples de la terre, peut déjà faire prévoir que sa belle assiette ne devienne un centre d'opérations commerciales que ses habitants sont loin peut-être de soupçonner. Il en est ainsi de plusieurs autres villes aujourd'hui déchues ou dans l'oubli, qui, tôt ou tard et par les mêmes causes, en dépit de toutes les petites intrigues d'intérêt local et de personnes, sont appelées à jouir de tous les avantages que l'impérieuse loi de nature a fixés dans leur enceinte : et parmi celles-ci je ne crains pas de dire qu'il faut mettre au premier rang celles qui avoisinent les grands fleuves et les canaux, et celles sous les murs desquelles les chemins de fer auront établi leurs débarcadères. Et j'ajoute que tout ce que l'on nomme place de guerre ne sera, dans un temps plus ou moins éloigné, qu'une longue chaîne de comptoirs commerciaux, dont les anneaux, plus sûrs que toutes les forteresses, garantiront et protègeront mille fois mieux les nationalités futures que toutes les précautions ruineuses et despotiques de l'appareil militaire le plus formidable.

Mais pour ne nous occuper que de Châlon, examinons les avantages réels, incontestables, qui résultent de sa situation. Qui pourrait nier que cette ville ne soit un des grands centres de la France commerciale? un point culminant pour une foule de régions qui y aboutissent par différentes voies d'une pratique facile ? Si les moyens de communications sûrs et rapides sont une des plus essentielles conditions du progrès et du bien-être matériel, nulle ville en France ne peut entrer en comparaison avec Châlon-sur-Saône. De centre de réception elle devient point de départ pour toutes les routes terrestres liquides et métalliques du continent. Elle baigne ses pieds dans la gracieuse Saône, cette artère principale de la navigation intérieure, qui la relie au Rhône et lui assure ainsi le versement en Suisse, en Piémont, en Italie, des denrées d'outre-mer, que le Havre dépose à Paris avant de les expédier sur Lyon, Marseille et toute la côte de la Provence jusqu'en Espagne, en Algérie, en Sicile, en Egypte, donnant ainsi la main aux riches contrées du continent asiatique, qui, lui aussi, confie aux mêmes voies ses nombreux et somptueux produits destinés à l'occident. Ajoutez que, par le canal du Rhône, la Saône pénètre jusqu'au Rhin, et nous jette au milieu de ce grand mouvement commercial et industriel qui s'opère sur nos frontières de l'est. Elle relie Châlon à la navigation à vapeur de ce fleuve, dont *les flots sont étonnés de n'être plus français* quand ils portent nos productions en Belgique, en Hollande, et jusque dans les eaux joyeuses de l'Atlantique après avoir baigné les murs de Strasbourg !... Qu'un chemin de fer s'allonge jusqu'à Manheim, et voilà que nos embranchements se confondent dans les embranchements amis de tous les états d'Allemagne où la Bavière vient, dans un élan d'effort sublime, de réaliser la grande pensée des César, des Charlemagne, des Napoléon. Grâce à elle, le Rhin mêle ses ondes à celles du Danube, ce fier roi des fleuves de l'Europe. Le ludwig-canal a accompli ce vaste projet des plus grands génies de l'univers. C'est ainsi que nous pouvons dire que, par sa jonction avec le Rhin au moyen de ces puissants canaux, Châlon touche les points les plus importants du globe, et s'ouvre une route fructueuse et presque en ligne droite jusqu'à Constantinople, ce splendide vestibule de l'Orient.

Et maintenant que nous connaissons l'importance de toutes ces grandes choses, ne nous est-il pas permis de faire pressentir les plus brillantes destinées à la cité qui unit ainsi fleuve à fleuve, frontière à frontière, royaume à royaume, continent à continent, monde à monde, en jetant jusque dans les dernières ramuscules des villes, des bourgs, des villages, que ses produits touchent en passant, cette sève vitale, puissante, essentielle des grands troncs politiques. Et ce *Cabillorum-Castrum*, auquel les Romains ont refusé le titre de cité, pourra ceindre un jour *une couronne de reine des cités sur cette belle terre de France !*

Châlon-sur-Saône a de tout temps été cité pour l'humeur accorte et hospitalière de ses habitants. Les Châlonnais actuels n'ont pas dégénéré de leurs ancêtres, et l'étranger qui parcourt cette heureuse cité, y remarque avec satisfaction que la beauté du sang des Bourguignotes y est en parfaite harmonie avec l'amabilité du caractère, la cordialité et l'aménité des mœurs. Puisse la raison humaine y maintenir à tout jamais la paix et la concorde, et démontrer aux Bourguignons que l'union et la fraternité ont une force indestructible.

Le lendemain de mon arrivée à Châlon, l'aurore d'un jour comme ceux que Dieu semble réserver à ses privilégiés, me trouva au milieu de ses campagnes. Jamais le soleil levant n'avait inondé l'atmosphère de flots de lumière plus radieux et plus purs ; ses rayons effleuraient la terre et buvaient la rosée suspendue en gouttelettes étincelantes sur le calice entr'ouvert des fleurs. L'air du matin embaumé de mille parfums balsamiques attisait, en pénétrant dans la poitrine dilatée, ce feu divin de Prométhée qui nous brûle à notre insu, et le faisant rayonner dans tout l'éclat de cette expansion vitale qui assouplit tous les organes, électrise le corps, et semble le rendre léger comme l'âme qui déborde par tous les pores, et l'entraîne malgré lui dans ses élans vers l'infini, qui est le but de sa nature. Sous ces effluves du ciel, dans ces transports ravissants, l'homme ne rampe plus sur la terre ; comme les anges, il vole !

Je me crus le jouet d'une hallucination lorsque je me trouvai, sans savoir comment, sur le pont d'un élégant bateau à vapeur, à la coupe svelte et élancée, que les bouillonnements de sa chaudière faisaient glisser comme la flèche sur les eaux argentées de la Saône, tandis que sa cheminée dégageait ses épais flocons de brouillard au dessus de ma tête. Le vol de l'hirondelle n'est pas plus rapide... Bientôt Châlon se perdit pour moi dans la courbe d'un lointain paysage. Le sable des deux rives fuyait sous mes yeux, emportant dans sa fuite son magique cortége de collines, de clochers, de châteaux, de maisons, d'arbres, de vignes, de moissons sans cesse renaissantes dans ce prolongement de sites pittoresquement délicieux, qu'on dirait que le ciel, dans un instant de joie, les a répandues comme les fleurs sur toute cette terre que le rideau bleu de nos montagnes borne avec une si coquette jalousie. Ainsi fait un habile machiniste quand il laisse tomber la toile mouvante destinée à cacher pour un moment les heureuses combinaisons de son art qui doivent faire marcher le spectateur de surprise en surprise à la vue des panoramas qu'il déroule successivement devant lui.

Que vous dirai-je, mes chers compatriotes, que vous ne connaissiez comme moi, des sites ravissants de cette rivière féconde, où le sentiment de l'admiration poétique fait taire toutes les observations de la science?... Après avoir largement payé ce tribut, j'évoquai tous mes souvenirs.

Plutarque nous dit que primitivement la Saône portait le nom de *Brigoul*, qui, en langage celtique signifle : COURS D'EAU QUI DORT. Plus tard, elle prit le nom d'*Arus*. J'ai sous les yeux une pièce de monnaie celtique relative à notre pays, elle représente une tête de guerrier couvert d'une cuirasse, le gœsa (dard) sur l'épaule avec cette légende SECUSIANS ; de l'autre côté un og-mi, et pour légende ARUS. Le mot *ara* signifle en vieux celtique LENT. Comme tous les noms des peuples et des rivières de la Celtique, les Romains l'ont latinisé. C'est sous le nom d'*Ar-ar* que les auteurs grecs et latins en ont fait mention. Le nom de *Sauconna*, et toutes ses corruptions, ne sont connus que par Ammien Marcellin et les écrivains des siècles suivants. C'est de ces diverses manières de prononcer ce mot que l'on a fait celui de *Saô* que nous prononçons *Saône*. La lenteur de son cours avait frappé Jules-César, et lui faisait dire qu'il était tellement invisible qu'on ne pouvait, qu'avec une extrême attention, reconnaître de quel côté était sa pente naturelle. Le bon Senèque, qui faisait si bien l'éloge de la pauvreté au milieu du luxe et de l'opulence romaine, et qui du reste nous a laissé de si excellentes maximes de morale, en parle en quelque endroit en disant qu'elle semble indécise de la route qu'elle doit prendre.

C'est cette lenteur dans son cours qui lui a fait donner le nom adopté par Virgile dans ce vers : *Ant Ararim Parthus bibet*, etc., qui n'est que la répétition de la syllabe, *ar*, qui signifie LENT, TARDIF, pour exprimer qu'elle est lente et tardive comme la marche pesante d'une charrue.

Les latins exprimaient l'action de labourer par le verbe : *arare*. Claudien accole à son nom l'épithète de *lentus*. Aussi dit-il : *lentus ar-ar*. Aimoin ne peut s'empêcher d'exprimer son étonnement à la vue de la lenteur avec laquelle elle traîne ses ondes. Notre compatriote Eumenius, moins poli, l'appelle *paresseuse, lourde, incertaine*. Fortunat, au contraire, semble craindre de l'offenser, et lui donne le qualificatif de *douce*. Malgré cette douceur, cette paresse, cette lenteur, cette tranquille reine des rivières de la France n'en est pas moins sujette à des écarts d'une colère désastreuse, et ses débordements ont souvent ruiné l'espérance de plus d'un cultivateur.

Pendant que je faisais l'énumération de ses qualificatifs, le locomotif m'emportait rappelant un souvenir à chaque instant. L'air était encore chargé des fraîches vapeurs de la nuit que déjà nous étions loin de Tournus [1], endormie qu'elle

---

[1] En 177, saint Valérien y fut martyrisé sur l'emplacement où Gontran, premier roi des Bourguignons, fonda au septième siècle une abbaye sous l'invocation de saint Philibert dont elle porte encore le nom. On y conservait un curieux

était dans une atmosphère de brouillards formés par l'ombre légère et bleuâtre du matin, unie aux minces colonnes de fumée qui s'élevaient mélancoliquement du toit de ses maisons. La Saône lente, mais infatigable, lave ses pieds en passant, et marche sans cesse, tandis que d'épais flocons de vapeur noire jetaient leurs ombres de plomb sur le fond azuré du ciel, et que des myriades de perles liquides étaient versées sur nos têtes par la svelte colonne de la locomotive... En quelques minutes cette ville et son amphithéâtre de riches côteaux tapissés de vignes qui les nuancent agréablement, ne m'apparaissaient plus à l'horizon que comme un point grisâtre que surmonte la flèche de

flabellum (espèce d'éventail) à manche d'ivoire, dont un diacre faisait usage pour écarter les mouches de l'autel pendant la célébration de la messe. On voyait sur cet éventail plusieurs inscriptions et des figures emblématiques.

Cette ville possède plusieurs manuscrits. Le plus précieux et un beau volume in-4°, rayé à la pointe, est couvert d'une riche reliure en velours cramoisi. Il y avait jadis des plaques d'or en relief, elles ont été volées. Ce manuscrit est un véritable trésor pour Tournus. Il a pour titre : *Vita sancti Philiberti*, etc., etc. *Anno circiter 840.*

Saint-Philibert. Puis tout s'évanouit comme un imperceptible atome.

Adieu Tournus! laborieuse cité, tu dormais encore à notre passage sous tes murs, tu te livrais au doux sommeil que goûte une ville qui compte les heures du jour par ses travaux, et ses travaux par les besoins de ses enfants! Adieu, Tournus, berceau de Greuse, tu as produit un grand peintre!

Bientôt nous arrivâmes devant l'île de la Palme, célèbre par le passage des Helvétiens, lors de leur émigration. Orgétorix, le premier comme le plus puissant de ce peuple, leur ayant persuadé de chercher un climat plus doux et plus fertile, et d'étendre leur domination jusque sur les bords du grand Océan Atlantique, ils résolurent de quitter leurs montagnes neigeuses et glacées, et de passer chez les Pictones et les Santones. Déterminés à vaincre ou à mourir, ils brulèrent leurs douze villes et quatre cents villages. Ils traversèrent la Séquanie et le territoire des Ségusiens, et au nombre de trois cent soixante huit mille personnes, parmi lesquelles il y avait quatre vingt mille combattants, ils arrivèrent sur les bords de la Saône, l'an 699 de la fondation de Rome, sous le consulat de Jules-César. Au moyen de radeaux qu'ils construisirent, cette île leur facilita le passage de la rivière. Il y avait vingt jours qu'ils étaient arrêtés sur ce point lorsque, arrivant en toute hâte, César et ses légions s'opposèrent à ce mouvement. Là, une bataille s'engage avec ceux qui ne l'avaient point encore traversée, et une partie fut taillée en pièces dans les plaines de Feillens et d'Asnières. Un groupe de vieillards, de femmes et d'enfants prirent la fuite dans les bois entre Tournus et Mâcon, où ils jetèrent les racines de cette variété humaine qu'on y distingue.

Il y a longtemps que j'ai été à même d'observer dans nos montagnes, entre Cluny et Tournus, deux types humains bien tranchés dans leur variété physique. La différence de physionomie, de costume, de mœurs, y est tellement prononcée, que je suis surpris que pas un naturaliste n'en ait fait la remarque. La variété primitive est brune et a une coloration de peau particulière à cette nuance, tandis que l'autre se distingue par une chair blanche et rosée. Pour expliquer cette différence d'une manière satisfaisante, je crois qu'il faut remonter à l'époque de l'invasion des Gaules par les Romains. *Le type primordial, le type celtique* ne se trouve guère que dans nos montagnes, où les populations ont conservé les mœurs rudes et agrestes de nos ancêtres. Le type du Mâconnais est un type étranger. C'est ainsi qu'au milieu des nations parmi lesquelles on vit, il est toujours facile de reconnaître un juif.

L'île de la Palme est encore remarquable par les conférences qui s'y tinrent en 842, entre les trois fils de Louis-le-Débonnaire. Ce fut là qu'ils convinrent d'une nouvelle division des états de leur père.

Enfin j'étais à Mâcon, dont la Saône arrose les fertiles campagnes. *Matisco*, quoique considérable, ne jouissait pas au cinquième siècle du titre de cité. Comme *Cabillo*, ce n'était qu'un *castrum*, où les Romains avaient établi une fabrique de flèches, ainsi que son nom l'indique. La France féodale en fit un comté qui s'étendait du nord au midi, entre le Chalonnais et le Beaujolais ; de l'ouest à l'est, entre le Charolais et la Saône.

En 585, dans le concile de Mâcon, un évêque ayant soutenu qu'on ne pouvait ni qu'on ne devait qualifier les femmes de créatures humaines, la question fut agitée pendant plusieurs séances. On disputa vivement; les avis semblaient partagés : mais les partisans du beau sexe l'emportèrent. On décida, et il fut solennellement proclamé que la femme faisait partie du genre humain. — Moi aussi, je crois que l'on doit se soumettre à cette décision, quoique ce concile ne fût pas *œcuménique*.

Pendant les guerres de religion, la ville de Mâcon fut prise et reprise plusieurs fois par les troupes des deux partis. Les protestants y firent des dégâts affreux, pillèrent et brûlèrent les églises des Jacobins, de Saint-Pierre et de

Saint-Étienne; les archives de Saint-Vincent furent détruites. Le P. Bossu, gardien des Cordeliers, fut conduit dans les rues de Mâcon la corde au cou; à la porte Saint-Antoine, on lui coupa l'oreille droite; à la Barre, la gauche; sur la place au Prévôt, le nez; devant son couvent, les doigts; à l'entrée du pont, on lui attacha une corde à chaque poignet, on fit un grand feu, et on le fit passer et repasser plusieurs fois à travers les flammes. Traîné au milieu du pont, on lui coupa les parties viriles qu'on lui mit dans la bouche, et il fut jeté dans la Saône. Le flot porta son corps à Saint-Laurent; un de ses bourreaux y courut, et voyant qu'il respirait encore, il le repoussa dans la rivière en lui donnant un coup de pertuisane.

Lorsque les catholiques furent de nouveau maîtres de Mâcon, le marquis Guillaume de Saint-Point, son gouverneur, se donnait le plaisir cruel de faire sauter les protestants du haut du pont dans la Saône. Ceux qui se refusaient à faire le saut y étaient précipités.

On appelait ces horreurs les *farces de Saint-Point*. Ce même marquis de Saint-Point, à la tête de ses vassaux, ravagea ensuite les villes et les villages du Mâconais et du Charolais : chose inouïe, c'est qu'il porta ses déprédations jusqu'à Lyon, où il pilla les vases sacrés et les ornements de la cathédrale de Saint-Jean, et fit danser publiquement sa femme revêtue des riches chasubles qu'il avait dérobées aux trésors de cette église. — Le château de Saint-Point est aujourd'hui la propriété de M. A. de Lamartine.

Dans tous les temps, *la flatterie* a banni la sincérité des cours, qui sont des pestes publiques, où les mœurs sont corrompues à mesure qu'elles se régénèrent, car la foule des flatteurs qui environnent les rois est une barrière que *la vérité* a bien de la peine à franchir. En voici un exemple. Le chancelier Pojet, qui cherchait à plaire à François I*er*, en flattant ses faiblesses et ses passions, dit un jour à ce prince, en présence de quelques seigneurs de la cour, qu'il était surpris des embarras où se trouvait sa majesté, puisqu'elle était maîtresse absolue de ses sujets et de leurs biens. Personne n'osa contredire Pojet. Il n'y eut que Pierre Du Chastel, évêque de Mâcon, qui répondit qu'il était surpris qu'un premier magistrat osât insinuer de semblables principes à un prince aussi équitable ; qu'à la vérité, dans les nécessités pressantes où il s'agissait du salut de tous et de l'indépendance de la nation, le roi pouvait user du bien des particuliers comme du sien ; mais que ce n'était que dans ces fâcheuses occasions, et encore de l'avis des états, qu'il était permis au chef du gouvernement d'avoir recours à des impôts extraordinaires. François Ier approuva la franchise et l'énergique sincérité de l'évêque de Mâcon, et ne daigna pas répondre à Pojet, dont il vit la basse flatterie. De ce moment, Du Chastel eut l'estime du roi ; Pojet perdit son crédit, fut disgracié, et on lui fit son procès.

En 1789, on comptait douze églises à Mâcon. Toutes ont été démolies sous prétexte, disaient les Mâconnais d'alors, qu'elles n'étaient plus utiles, puisqu'ils avaient tous adopté *le culte des Théophilanthropes.*

En 1793, la ville de Mâcon embrassa avec enthousiasme le parti révolutionnaire. Elle doit à ce mouvement démagogique l'avantage d'être le chef-lieu du département.

En 1802, ses habitants brûlèrent Bonaparte en effigie en apprenant qu'il était nommé consul à vie. En 1804, lors de son passage dans cette ville, Napoléon s'en vengea en leur accordant les biens nationaux non vendus dans le département, sous la condition d'en employer le produit à la construction d'un édifice religieux. C'est à cette noble décision que cette cité est redevable de l'église Saint-Pierre, commencée en 1810, et consacrée en 1816. — Mâcon est la patrie du poète Sénecé.

Je ne quitterai pas les nobles rives de la Saône sans donner un souvenir aux hommes illustres qu'a produits la Bourgogne. Parce qu'ils n'ont pas vécu dans notre siècle, les Sacrovir, les saint Bernard, les Théodore de Bèze, les Soufflot, les La Monnois, les Buffon, les Vauban, les Bossuet, les Monge, les Marden, les Denon, en sont-ils moins grands, moins recommandables? honneur à leurs noms immortels! Ils ont illustré la France et le monde par la sagesse de leurs conseils, leurs brillantes qualités, leur savoir, leur valeur, leurs vertus; et, quelle que soit la faiblesse de ma voix, je me plais ici à leur payer le tribut d'éloges qu'ils méritent à tant de titres.

Héros de ma patrie, manes de ces généreux et savants Bourguignons, je cherche en vain dans l'enceinte de nos opulentes et industrieuses cités un monument qui consacre vos noms illustres à la postérité!

Et vous, mes nobles et savants contemporains, dont les noms seront un jour inscrits dans nos fastes, pardonnez si la crainte de ne pas finir une énumération qui serait trop longue, m'empêche de vous nommer. Le pays, juste à votre égard, n'ignore point ce que vous avez fait! Il sait ce que vous faites et ce qu'il attend de vous, ayant la justice et la fraternité pour but, la prudence et la capacité pour guides, le courage et la valeur pour compagnons. Il sait que vous avez entrepris de grandes choses, et que vous les avez conduites à une heureuse fin, toujours en faveur de la patrie! Non, heureuse Bourgogne, terre primitive de l'homme, tu ne manques pas de personnages habiles dans la profession des armes, dans les arts, les lettres et les sciences, et surtout dans la politique et l'art du gouvernement! Non, jardin du jardin du monde, dans aucun temps tu n'as fait défaut à la gloire! Mais, parmi tous ceux que je pourrais nommer, je ne proclame que toi, ô CARNOT!... Tu consacras tes travaux à l'indépendance, à la défense de ton pays, ta gloire est inséparable de celle de Napoléon, qui, comme toi, avait pour mobile l'amour de la patrie! Puissent mes compatriotes suivre la route honorable que tu leur as si glorieusement, si vertueusement tracée par ta sagesse, tes lumières, tes conseils, ton activité, tes talents, ta valeur : tu sauvas la France en danger!

V.

LA FRATERNITÉ.

Deux heures après mon arrivée à Mâcon, je quittai cette cité pour grimper ces rameaux des Cévennes qui s'étendent du midi au nord de la France, et que je traversais pour me rendre à Cluny; ces montagnes couvertes de plantes aromatiques, sont rayonnées de vignes jusqu'à leurs cimes. Elles offrent des coups d'œil semblables dans leurs teintes, mais très variés par la forme différente des côteaux. Toutes les surfaces sont animées par la gaîté du pampre qui se donne de doux baisers, et s'enivre de l'arome suave de la vigne, au bruit du concert harmonieux que forment dans les airs les mille oiseaux de nos contrées. Les champs sont parés de fleurs, les prairies d'herbes odorantes, les vallées d'arbres dont les fruits délicieux font plier les branches jusqu'à terre. Partout la campagne est vivante, et son aspect riche et puissant.

Tout le sol est composé de pierres calcaires remplies de coquilles pétrifiées, dont la position présente souvent une coupe où les révolutions de la volute sont imprimées. Les coquillages qu'on trouve sont des *gryphites* et des *limaçons*.

De la route on aperçoit sur un rocher le village où naquit M. de Lamartine : Milly, aimé du ciel, chéri du poète! C'est là que l'immortel auteur des *Méditations*, nourri du céleste breuvage, a passé les jours heureux de son enfance; c'est là que, dans le sein de sa bonne mère, il apprit à pratiquer la justice et la vertu! c'est sur ce roc que s'écoula la jeunesse de l'homme d'état et du philosophe. C'est là que son cœur brûlant pour l'humanité proclamait ces touchantes maximes de la fraternité, cette divine charité des temps modernes, et que sa sublime parole l'inculquait à tous et leur faisait suivre son noble exemple.

La fraternité est destinée à faire revivre parmi nous la charité évangélique, qui elle-même a fait revivre cette première dans tout son éclat dans la primitive église. Car, il ne faut pas s'y tromper, le christianisme est la seule institution qui ait précisé d'une manière claire les devoirs et les droits de la fraternité. Ce n'est pas sa faute si plus tard, et à mesure qu'en s'éloignant des temps où l'apôtre Paul en développait le système dans toute sa pureté, des cœurs plus spéculateurs que compatissants l'ont fait dégénérer en ce qu'ils ont appelé la charité, devenue ensuite *la hideuse aumône*. La charité, ou plutôt la fraternité est une vertu du cœur d'où naît l'obligation morale sur laquelle se fonde l'impérieux devoir d'aider et de soulager son semblable en tout temps, en tous lieux, et de tous les moyens à la disposition de celui qui la pratique. Elle a pour but l'humanité, et ne fait aucune acception de l'individu. Sa formule est tout entière dans ces paroles du Christ : *Aime ton prochain comme toi-même. Ne fais pas à autrui ce que tu ne veux pas qu'on te fasse.* Vienne le règne de ces deux maximes si sublimes dans leur simplicité, et bientôt le monde ne sera plus qu'une famille unie par les liens de la plus sympathique tendresse. La fraternité voit le malheur et y compatit à l'instant même. La charité dégénérée questionne, examine, sonde et fait le rôle d'inquisiteur ; elle octroie ou refuse l'aumône. La fraternité console, elle est heureuse de faire le bien. Celui qui la reçoit dit : *Merci, mon frère, à charge de revanche.* La charité, au contraire, jette son bienfait à la face ; elle humilie celui qui la reçoit. Dans ce cas la dignité humaine offensée se refuse à la reconnaissance. Riches si vains, si orgueilleux de vos aumônes, ouvrez l'Evangile, lisez. Croyez-vous avoir accompli la loi en prélevant quelques écus sur vos plaisirs toujours inutiles, souvent dangereux, pour les jeter aux *philanthropes* qui jugeront de l'emploi qu'ils en devront faire? Intrépides champions de la danse, reines brillantes de la valse, coryphées du raout et du concert, vous tous gens titrés, repus d'honneurs et de richesses, qui promenez vos élégants ennuis de salon en salon, vos jambes sont-elles si faibles qu'il vous faille des commis de bienfaisance patentés pour visiter ceux qui gémissent sous vos pieds ou au dessus de vos têtes? Allons, un bon mouvement, faites vos affaires vous-mêmes! Ne donnez plus de procurations pour *vos aumônes*, puisque le mot de fraternité vous fait peur, et je sais bien pourquoi ; soyez au moins charitables comme Dieu veut qu'on le soit. Descendez dans les caves, montez dans les mansardes et les greniers, vous trouverez là de fréquentes occasions de faire un peu oublier que vous n'avez peut-être pas le droit de vous montrer si difficiles. Après tout, si le pauvre n'est pas votre frère, vous ne pouvez nier qu'il ne soit votre semblable.

Vous n'osez vous montrer à lui; qu'il se cache, dites-vous ; sa vue vous fait mal ; qu'il se taise, ses cris vous importunent! Et pourtant je le reconnais, vous donnez aux pauvres. Vous le croyez, et vous avez raison; mais si vous donniez vous-mêmes, ils vous connaîtraient mieux, et vos commis n'auraient ni tout le mérite, ni tous les bénéfices de vos largesses arrachées le plus souvent à la répugnance que vous inspirent ceux pour qui elles sont destinées. Tenez, riches, croyez-moi, la parole du Christ en traversant dix-huit siècles, n'a rien perdu de sa terrible vérité: *Malheur aux riches! malheur aux riches!* Pourquoi êtes-vous sourds? Ne comprenez-vous pas que ce cri a toujours été le précurseur des grands événements, des grandes réformes, de celles qui replacent sur le terrain de la fraternité, j'allais dire *de l'égalité,* les hommes oublieux de tout enseignement? Hâtez-vous donc de pratiquer la fraternité, cette belle charité antique de l'Evangile, qui n'est autre que la justice escortée de la vertu. Vous souvient-il même de l'Evangile? Voulez-vous que nous en parlions? Par ces temps de répressions, j'avoue que je m'étonne de voir ce livre dans les mains de vos enfants, que l'orgueil héréditaire qu'ils reçoivent de plusieurs d'entre vous met, jusqu'à un certain point, à l'abri de ses maximes. Mais l'enfant du peuple, cet enfant rude et grossier, lui qu'on ne trouve bon *qu'à croire et à se soumettre*, comment lui permet-on de l'ouvrir. L'on n'y pense pas.

Un apôtre, dont l'Église a fait un saint, et que probablement on mettrait à la Force s'il vivait de nos jours, a écrit (il s'adressait au peuple) ces mots : *Si vous partagez les mêmes droits sur les biens célestes et incorruptibles, à plus forte raison vous les partagez sur les biens terrestres et périssables.* Hé bien! qu'en dites-vous, messieurs les faiseurs d'aumône? cet apôtre ne mérite-t-il pas les honneurs d'un réquisitoire, pour son impertinence évangélique? Pourtant, rassurez-vous ; si Barnabé parlait ainsi, c'est qu'il comprenait la charité comme Paul la prêchait, comme Christ la voulait, comme tous les bons esprits la comprenaient et la voulaient, c'est-à-dire fraternelle. Oui, Paul et Barnabé, et, avant eux, Christ, prêchaient la fraternité, l'humanité, la bonté, la patience, la douceur, la bienveillance, la libéralité, l'indulgence, la générosité, l'oubli de l'injure, vertu très peu à la mode de nos jours, la bienfaisance, et, par-dessus tout, le dévouement, qu'on ne trouve même pas chez les plus obligés des plus grands de la terre.

Connaissez-vous cette charité, dont je ne fais qu'esquisser les propriétés, et dont la pratique serait le levier le plus puissant pour changer la face des sociétés humaines, si souvent agitées, bouleversées par des songes creux décorés du titre pompeux d'aperçus philosophiques? La fraternité, c'est la charité. La charité, c'est l'humanité. Elle engendre l'égalité, parce que la fraternité est inhérente à l'homme par essence, et que l'homme étant le frère de l'homme devant Dieu, qui est le père commun, le frère n'est pas plus que le frère, le riche plus que le pauvre, le titré plus que celui que l'organisation sociale actuelle place

La fraternité n'est pas niaise, croyez-moi ; elle est, au contraire, pleine de discernement comme la justice, dont elle est sœur. Aussi, quand les fourbes viennent s'asseoir malicieusement à sa table pour manger son pain, quand l'intrigant se présente à elle pour lui escroquer son argent, quand le vicieux, le roué vient essayer de l'apitoyer sur des maux imaginaires pour l'appeler à son secours, elle les reconnaît de suite, car elle est fine et matoise, intéressée qu'elle est à n'être point dupe : comme elle ne fait pas l'aumône, elle ne court jamais risque de se tromper. Elle connaît les infortunes réelles, parce qu'elle les recherche elle-même avec toute la prudente délicatesse qui lui est propre. Nul ne peut se moquer d'elle en disant je l'ai trompée.

Il se passe tous les jours, et sous nos yeux, des faits qui la font frémir ; pourtant elle ne soulève pas les victimes contre les auteurs de ces attentats. — Un entre mille.

Un homme couvert des haillons de la misère s'avance timidement vers un riche qui passe dans la rue ; il lui tend la main et sollicite humblement *son aumône*. Que fait le riche ? il lève la canne sur cet homme pour le repousser. Le malheureux n'a pas même le temps de dévorer cet affront que, sur un signe du riche impitoyable, un sergent de ville le conduit en prison. J'ai su le nom du riche, c'était un *philanthrope*. J'ai su celui du pauvre, c'était un ouvrier veuf, avec cinq enfants, et sans travail pour les nourrir.

Ce n'est pas seulement l'indigence qui attire les regards de la fraternité : celle-ci embrasse toutes les infortunes, elle offre ses secours à tous les hommes, et ne s'occupe pas de savoir quel pays les a vus naître : son but étant l'humanité, elle a tout l'univers pour y exercer son bienfaisant empire. C'est à elle qu'un jour ou l'autre, tous les peuples devront d'être libres et égaux; et, comme j'ose le dire sans crainte d'être démenti, si elle est la mère de tous les biens, elle est aussi la fille de l'égalité par qui tous les biens sont profitables à tous. Ne croyez pas que la fraternité, pas plus que la charité apostoli-

au dernier rang, et désigne sous les noms les plus méprisants. Elle exclut l'aumône, parce que le frère ne reçoit pas l'aumône de son frère, étant appelé comme lui aux mêmes droits par les mêmes devoirs. Celui qui dit : J'ai fait l'aumône à ce pauvre diable, fait et dit une injure à son frère. Aussi je n'hésite pas à dire que si l'apôtre Paul n'avait conseillé que l'aumône, il aurait été au dessous de la mission qu'il avait reçue. Jamais sa parole n'aurait eu cette puissance civilisatrice qui justifie, dès le commencement, celle du maître, *l'univers sera chrétien*. Il comprenait et il prêchait, à travers les coups, les juges, les prisons, les gibets, que la fraternité voulue du ciel était essentiellement humaine. Tel est, en effet, son caractère : les souffrances d'autrui la trouvent sensible ; elle s'identifie avec les infortunes pour y compatir ; elle se met à la place de ceux qui souffrent pour les plaindre ; elle sent leur misère pour la déplorer, pour la soulager ; elle embrasse le parti de l'opprimé pour le défendre et le protéger ; elle excuse, aide, soutient les malheureux, médite sur leurs maux, cherche opiniâtrement le remède, et ne le veut point à grand renfort de réclames philanthropiques. Quand elle l'a trouvé, son intérêt, ses passions, ses fantaisies, tout cède devant l'ardent desir qu'elle a d'obliger ses semblables. Est-ce ainsi qu'en agissent la plupart des riches? Leur vient-il jamais à la pensée que celui qu'ils doivent soulager, sous peine du crime de lèze-humanité, est leur frère; qu'ils doivent l'aimer, qu'il est autant qu'eux sur la terre, où l'inégalité des conditions n'implique pas celle dont ils aiment tant à se pénétrer par orgueil, par le désir de domination, de despotisme, d'abrutissement? Songent-ils que *ce pauvre diable*, comme ils disent, vaut peut-être mieux qu'eux aux yeux de celui qui n'a créé que des hommes? que ce misérable, qui rampe si humblement sous leurs pieds dédaigneux, est mille fois plus précieux à son Créateur, que tous ceux qui se pavanent si vaniteusement dans leur outrecuidance de fortune et de naissance?

A cela je sais bien ce qu'ils vont me répondre : Vous nous la donnez belle, diront-ils ; c'est du *don quichotisme* humanitaire que vous prêchez-là. Que nous soyons assez fous pour vous croire, et demain la vente de tous nos domaines, le prix de toutes nos places, les revenus de tous nos châteaux, ne suffiront plus pour apaiser l'ogre populaire, paresseux et fourbe par nature. Allons donc ! nous sommes mieux avisés : nous faisons l'aumône. Celui qui s'en trouve offensé est un homme dangereux. De quel droit l'obligé se plaint-il de celui qui l'oblige? celui qui reçoit, de celui qui veut bien lui donner? car nous n'admettons pas que nous y soyons obligés, encore moins forcés, même par la plus sévère morale. Nous ne parlons pas sous le rapport politique, celui-là nous défend de donner, si nous voulons perpétuer l'ordre admirable de cette prospérité toujours croissante, qui fera la gloire d'une époque remarquable à plus d'un titre. Que deviendraient les états, les nations, bon Dieu, si l'on faisait ce que vous dites? Et, sans aller si loin, ni si haut, que deviendrait la société tout entière avec vos belles maximes? Nous connaissons l'Évangile aussi bien que vous, et nous savons à quoi nous en tenir sur ce qu'il renferme. Quant à l'étonnement que vous manifestez, de voir ce livre aux mains de vos enfants, nous vous dirons que nous serions très fâchés qu'ils ignorassent que l'on doit rendre à César ce qui est à César ; ce qui veut dire de nous rendre ce qui nous appartient, attendu que, logiquement parlant, le riche est aujourd'hui le César de l'Evangile !

Je ne veux pas descendre sur le terrain brûlant de la politique, mais si jamais je m'y mettais, je m'y tiendrais aussi à l'aise que vous, et avec autant de franc-parler. Pour trancher net cette question, que je ne veux pas traiter quant à présent, je dirai seulement qu'il n'y a, et qu'il n'y aura jamais que deux puissances qui régiront le monde : *Dieu et le peuple !...* Je reviens à l'objection principale contre la fraternité, que vous ne voulez pas admettre, et sur l'aumône, que je repousse, comme humiliante pour qui la reçoit.

La fraternité n'est pas niaise, croyez-moi ; elle est, au contraire, pleine de discernement comme la justice, dont elle est sœur. Aussi, quand les fourbes viennent s'asseoir malicieusement à sa table pour manger son pain, quand l'intrigant se présente à elle pour lui escroquer son argent, quand le vicieux, le roué vient essayer de l'apitoyer sur des maux imaginaires pour l'appeler à son secours, elle les reconnaît de suite, car elle est fine et matoise, intéressée qu'elle est à n'être point dupe : comme elle ne fait pas l'aumône, elle ne court jamais risque de se tromper. Elle connaît les infortunes réelles, parce qu'elle les recherche elle-même avec toute la prudente délicatesse qui lui est propre. Nul ne peut se moquer d'elle en disant je l'ai trompée.

Il se passe tous les jours, et sous nos yeux, des faits qui la font frémir ; pourtant elle ne soulève pas les victimes contre les auteurs de ces attentats. — Un entre mille.

Un homme couvert des haillons de la misère s'avance timidement vers un riche qui passe dans la rue; il lui tend la main et sollicite humblement *son aumône*. Que fait le riche? il lève la canne sur cet homme pour le repousser. Le malheureux n'a pas même le temps de dévorer cet affront que, sur un signe du riche impitoyable, un sergent de ville le conduit en prison. J'ai su le nom du riche, c'était un *philanthrope*. J'ai su celui du pauvre, c'était un ouvrier veuf, avec cinq enfants, et sans travail pour les nourrir.

Ce n'est pas seulement l'indigence qui attire les regards de la fraternité: celle-ci embrasse toutes les infortunes, elle offre ses secours à tous les hommes, et ne s'occupe pas de savoir quel pays les a vus naître: son but étant l'humanité, elle a tout l'univers pour y exercer son bienfaisant empire. C'est à elle qu'un jour ou l'autre, tous les peuples devront d'être libres et égaux; et, comme j'ose le dire sans crainte d'être démenti, si elle est la mère de tous les biens, elle est aussi la fille de l'égalité par qui tous les biens sont profitables à tous. Ne croyez pas que la fraternité, pas plus que la charité apostolique, soit née d'hier. L'une et l'autre, identiques de leur nature, sont aussi anciennes que la première famille humaine que Dieu a semée sur cette terre que nous foulons. Elles ont été placées dans tous les cœurs pour y être comme tout ce qui est sentiment ou passion, inhérents à la nature de l'homme mise en jeu par un levier propre. Ce levier, c'est la pitié, attribut distinctif des êtres raisonnables, et qui leur rappelle, quand ils l'oublient, cette égalité qui fait peur à tant de gens. La fraternité exclut les titres et les dénominations à l'aide desquels on parque les individus par castes. Elle ne sait ce que c'est surtout que la noblesse de naissance, toutes les naissances étant nobles à ses yeux. Elle n'admet d'autre aristocratie que celle du mérite fondé sur la vertu et sa pratique. Elle estime l'ouvrier qui se dévoue pour arracher à une mort certaine le pauvre qui se noie, et elle accable de son mépris le riche insouciant qui ne descend pas de sa voiture pour relever celui qu'il a broyé sur le pavé. Si un noble est en danger de périr dans les flammes, la fraternité n'est pas inactive pour lui, comme il est dédaigneux pour elle; elle sauve le noble parce que le noble, quoi qu'il fasse pour le faire oublier, n'est qu'un homme comme l'ouvrier, le manant, le serf. Ce sont là de ces vérités élémentaires que nos enfants savent déjà par cœur. Aussi ne puis-je pas comprendre pourquoi la fraternité vous fait peur. Redoute-t-on la vertu? Non. Hé bien, la fraternité n'est autre chose que la vertu active, cette vertu de tous les jours, de toutes les heures, de tous les instants, qui veille, cherche, porte remède, soulage, se dévoue, se sacrifie pour l'humanité dont elle est le plus brillant apanage. La fraternité, c'est cet amour divin, cette sympathie innée de l'homme pour l'homme qui le pousse à l'état social, plus par besoin d'aimer, que d'exploiter son semblable comme on le fait à présent. Oh! nous le savons; vous direz que cela est bien niais que cette bonté, cet empressement, qui ne sont que sottises. Cela n'est vrai que par rapport à ceux qui ne la pratiquent point. Qui se fait brebis, le loup le mange. Ce proverbe ne prouve qu'une chose, chose horrible il est vrai, c'est que l'homme n'a pas de plus cruel ennemi que l'homme dans notre état social actuel; mais cela ne veut pas dire que celui-là est fou qui est bon; à ce compte les fous, loin d'être en majorité sur la terre, forment une minorité imperceptible. Oui, les hommes vraiment vertueux sont rares, et presque tous sont malheureux dans ce monde. Ce fait affligeant, et qu'on ne peut nier, est la preuve la plus évidente de la corruption qui règne partout. Mais qu'on ne s'y trompe pas, la fraternité dont la bonté est l'essence, qui est humaine, dont l'air et les manières sont dignes, et qui par sa conduite, sa parole, comme par son silence, est bienveillant pour tous, est impérieuse quand elle traite avec le méchant incorrigible. Celui-là ment, qui dit que sa bonté est stupide. Oui, il y a de par le monde des gens qui sont à la fois bien bêtes et bien méchants, mais à coup sûr ce ne sont pas ceux qui pratiquent la fraternité. Autant celle-ci est bonne pour les bons, autant elle est impitoyable pour ceux qui la repoussent, et en cela il n'y a point de contradiction. Elle ne se fait pas loup pour hurler avec les loups, mais elle se fait telle contre les loups. Ainsi un homme est méchant, et il joint la puissance à la méchanceté ; il fait peser son joug odieux sur beaucoup, il harcelle, poursuit, flétrit même tout ce qui le gêne ; si quelqu'un lui résiste, il le déchire, le calomnie, le stigmatise du venin de sa parole, il sème l'effroi autour de lui par sa cruauté, et l'on voit malheureusement que, par frayeur du même sort, beaucoup applaudissent à sa férocité. Cet homme-là est le loup qu'il faut détruire, en se faisant son égal pour éviter ses morsures. Contre un tel monstre à face humaine, la fraternité devient audacieuse, elle serre ses rangs pour le bien recevoir, et elle l'abat avec toute justice. Il faut bien qu'elle repousse son ennemi. A quoi lui servirait, je ne dis pas la colère, mais le sentiment d'indignation qui est dans sa nature contre tout ce qui frappe l'humanité.

En agissant ainsi elle n'est que juste, et sa justice, loin de se contredire avec sa bonté, va au devant d'elle, se l'assimile pour ainsi dire pour en former une alliance efficace contre qui la dénigre.

Peut-être pense-t-on que la patience qui caractérise la fraternité, contribue à lui donner ce caractère de niaiserie qu'on s'efforce de lui faire croire, afin d'en détourner ceux qui s'imaginent avoir plus de profit à la repousser qu'à l'admettre. La fraternité est patiente, parce qu'elle vient de Dieu qui est la patience même. Si vous n'êtes point patient avec votre frère, comment voulez-vous qu'il soit patient avec vous, la sagesse humaine ne dit-elle pas qu'il faut souffrir son prochain si l'on en veut être supporté? Cette sentence sarcastique perd toute son amertume dans la bouche de la fraternité. Pour fonder il faut être patient. Qu'attendre d'un homme violent, emporté, qui aux premières paroles s'irrite, s'enflamme sans attendre qu'on s'explique, agisse ou se corrige. Quel bien peut-il faire? Aucun. Il s'oppose au progrès, parce qu'il est l'ennemi de la bonne intelligence, qu'il brise tous les liens de la paix et de la concorde qui doivent régner dans la grande famille humaine.

La fraternité au contraire avec sa patience, attire à elle, séduit, attache à son char tout ce qui l'environne, par la persuasion. A l'aide de cette éminente qualité elle brille d'un éclat plus pur, et pénètre mieux dans les cœurs de ceux qu'elle recherche pour les convier à ses douces joies, à ses bienfaisantes émanations. Voyez qu'elle est belle lorsqu'elle prévient, écoute, ménage, avertit de nouveau, supporte, modère par sagesse, serre la main avec de sincères paroles. Avec sa patience héroïque elle fonde la paix sur des bases solides. Elle chasse au loin les querelles d'où naissent les haines, les coups, les désordres, les meurtres, qui affligent si souvent l'humanité.

Montrez-moi une vertu plus limpide que la patience! Qui n'aime pas à la trouver sur son passage, à se rafraîchir à sa source, à lui demander sa première assistance dans tous les instants de la vie? L'homme sera-t-il jamais parfait pour l'homme? Comment le sage peut-il manquer de patience?

La fraternité est aussi la mère de la douceur, et Christ a dit : *Bien heureux ceux qui sont doux, ils possèderont la terre.* Quand vous vous trouvez dans une nombreuse assemblée, si vous rencontrez d'un côté un visage sévère, arrogant, impérieux, vous allez de l'autre. Si au contraire se présente à vous une figure riante, ouverte, gracieuse, affable, vous allez à elle, parce qu'il vous semble lire sur cette physionomie prévenante que vous pouvez approcher sans crainte d'être mal reçu. Vous êtes à peu près certain qu'elle vous accueillera favorablement. Vous reconnaissez en elle la bonté qui charme, la douceur qui attire, et vous êtes entraîné malgré vous. Aussi voyez comme l'homme doux est entouré d'amis, comme on le recherche, comme on l'aime ! Quel bien cet homme ne peut-il pas faire? Quelle puissance égalera jamais la sienne? Ce n'est donc pas sans raison que le maître a dit que les hommes doux posséderaient la terre.

Est-il besoin de prouver que la fraternité est polie? Qui ne se sent content d'elle en quittant un de ceux qui la pratiquent? L'a-t-on jamais entendu dire un mot qui chagrine, ou commettre un manque d'égard? Quel est celui qu'elle a mal reçu s'il était digne d'elle? La fraternité a le cœur sur la main, et la bonté qui règne dans toute sa personne est la plus exquise politesse. Pourquoi n'est-elle qu'une vertu du peuple que les grands méprisent? Serait-ce parce qu'elle est bienveillante et qu'elle va au devant de tous ceux qui souffrent, qu'elle prête et donne son lit, son pain, son argent, ses habits, ses consolations, à qui n'a rien de toutes ces choses, et, surtout, à cause qu'elle offre un puissant appui contre la calomnie, ce grand dissolvant des associations qui inquiètent nos modernes Sardanapales?

Sa libéralité que vous lui reprochez, est pleine de discernement. Elle partage avec ses amis. Elle donne à propos. Mais elle serait niaise d'ouvrir ses coffres aux renards, de faire ses largesses aux vautours qui tournent sans cesse autour d'elle cherchant à la dévorer. Son discernement ne la rend point avare, car elle ignore la corruption de l'argent ; si elle aimait l'argent pour elle seule, elle ne serait plus la fraternité. Ne vous vantez cependant pas de la faire tomber facilement dans vos piéges, quoiqu'elle soit confiante de sa nature, étant la probité même, ayant appris à connaître les ruses de ses ennemis, moins pour se montrer fine que pour n'en être pas dupe. Au contraire de ses ennemis qui ne se montrent actifs, empressés, ardents, que quand il s'agit de leurs intérêts propres, elle ne déploie toute sa féconde activité que pour le bien général. Pour lui elle se sacrifie, se prive jusqu'au dernier sou. Elle devient sublime d'abnégation, son grand cœur grandit sans cesse quand il s'agit de l'intérêt public : alors elle ne compte plus.

La fraternité a prouvé qu'elle était patiente, et elle sait que tout vient à point à qui peut attendre. Elle ne complote pas, ne crie ni ne vocifère la menace. A quoi bon ? n'est-elle pas la fraternité ? Partout où il y a un homme, n'a-t-elle pas un frère ? Empêcherez-vous deux frères de sentir et de savoir qu'ils sont nés d'une même mère ? Vous pouvez bien les brouiller, en suscitant des querelles, en propageant des calomnies, en mettant quelquefois du sang de l'un de l'autre à leurs mains, mais un jour vient que vos mensonges ne sont plus écoutés. Un jour vient où les frères s'embrassent et alors..... alors ils chantent en chœur l'hymne que vous savez.

VI.

LA BÉNÉDICTION DU TRAVAIL.

Les montagnes que l'on parcourt continuent à être des plus pittoresques; elles nous offrent des amphithéâtres couverts d'une agréable verdure, des perspectives ravissantes sur lesquelles l'œil se promène avec un plaisir toujours nouveau. Çà et là on voit des bosquets d'arbres, qui embellissent la route en garantissant des ardeurs du soleil. Ici c'est le chêne, ce roi des forêts, le frêne altier, toujours couvert d'une rosée aussi douce que le miel; l'ombreux noyer, le pâle saule; plus loin, sur les riches côteaux vineux, on admire le cerisier et l'amandier, le pommier et le pêcher, aux couleurs vives et tendres. C'est dans nos montagnes que les cultivateurs connaissent les qualités des différentes sortes de terrains, et donnent à chacun les soins particuliers qu'il exige. Ils ne leur font produire que ce qui est conforme à leur nature, et proportionné à leur force. Ils savent mettre à profit la position et l'exposition, le haut et le bas, le sec et l'humide. Occupés sans cesse de tout ce qui peut être utile à l'homme, ils ne négligent aucune des circonstances capables de les faire valoir. Quand les eaux se sont changées en pluie, pour arroser nos champs, ils ne craignent pas de mouiller leur corps pour remuer la terre. Quand le temps des récoltes approche, la faux, la serpe, la faucille, sont brillantes et aiguisées. C'est ainsi que se maintiennent la fertilité et l'abondance dans nos campagnes, la vertu et la valeur des hommes qui l'habitent. On y voit des monticules groupés, qui se reproduisent de distance en distance; des eaux pures, qui serpentent dans les plaines, et y forment une multitude infini de ruisseaux qui rafraîchissent l'atmosphère; des bois, qui inspirent une douce mélancolie; de vertes collines, de riantes prairies, qui font naître la joie. C'est en vain que je voudrais peindre ces hautes et épaisses croupes des Cévennes, ces enfoncements, ces rochers, ces précipices, ces gorges profondes. O montagnes de mon pays! ô terre de bonheur! douces et fertiles vallées, vous ne vous montrez que pour diriger les pas du voyageur; vous ne présentez vos mille formes et vos singulières couleurs que pour suspendre sa fatigue et le récréer. Vous êtes le symbole varié de la route qu'il doit tenir pour parvenir sans obstacle au doux terme de la vie. O terre trois fois heureuse! tu renfermes dans ton sein le principe de tous les trésors, tu les mets en œuvre, les perfectionne, les distribue libéralement, selon nos désirs ou nos besoins.

Dans tout ce magique panorama qui, depuis Mâcon, se déroulait à mes yeux, rien encore ne m'offrait Cluny, quand, au bas de la montée du Bois-Clair, au détour de la route, mon œil reconnut au loin, dans la vallée, des tours, des flèches, de gigantesques clochers aux reflets ardoisés, puis la Grosne, qui enserre amoureusement dans ses replis limpides et tortueux les prairies qu'elle arrose, en les couvrant d'une douce vapeur qui rend l'herbe toujours tendre:

O terre où je suis né, salut, trois fois salut, douce joie de mon enfance! C'est à juste titre que je te nomme ma seconde mère. Tu es pour moi ce qu'un rocher couvert de feuillage est pour l'oiseau de mer battu de la tempête.... J'ai peine à rendre le contentement que j'éprouve de fouler ton sol, où sont empreints mes premiers pas à côté de ceux de mes aïeux.... J'étais ravi, je sautais comme un enfant... Sur quelque partie que je porte ma vue, tout rappelle à ma jeunesse le souvenir de ses beaux ans. Partout on découvre des vignes aux doux parfums et aux raisins dorés, des champs couverts des plus riches moissons, tandis que toutes les hauteurs environnantes, découpées en dents inégales, sont couronnées de forêts séculaires aux ombres harmonieuses, ou de cultures incroyablement disposées ; des prairies verdoyantes, où on admire l'étonnante variété des quadrupèdes utiles et bons, qui paissent et bondissent de mille manières ; des volatiles qui fendent les airs, et cette diversité merveilleuse d'arbres, de plantes et de simples de toute espèce. Sur la pente des collines on voit des maisons disséminées, qui se cachent avec coquetterie dans des groupes de noyers, des habitations agricoles propres et commodes, tantôt isolées au centre de leur exploitation, ou rassemblées en hameaux, en villages, en bourgs, dont les nombreux habitants annoncent, par un extérieur de santé et d'aisance dans leurs personnes, qu'ils partagent l'abondance qu'ils répandent autour d'eux.

Le sang des villageois y est très pur, l'on y est surtout frappé de l'air de fraîcheur et d'animation répandu sur le visage épanoui des jeunes filles. La rose n'a pas plus d'éclat, pas de couleurs plus vives que celles de leurs joues, et leurs yeux pétillent de joie et de prospérité. Belles de tous les trésors d'une nature prodigue, les grâces infinies dont elles brillent sont rehaussées de tout le charme de la modestie, sans laquelle la beauté des femmes n'a point de prix. La simplicité de nos montagnes ne leur permet point de connaître ni d'employer le manège d'une coquetterie raffinée qui est l'indice d'une corruption profonde. Chez elles la civilité est l'expression d'un sentiment vrai de respect, d'amitié, ou de convenances sociales mieux senties que définies, et le simple bonjour qui tombe de leurs lèvres vermeilles vaut mieux que toutes les phrases de la plus exquise politesse des villes.

Heureuses jeunes filles! gardez précieusement cette innocente naïveté qui est le plus bel apanage de votre sexe. Ne soyez orgueilleuses que de votre modestie, si vous voulez conserver cette vertu héréditaire de nos montagnes, que nul bien au monde ne saurait remplacer. Hélas! vous ne savez pas combien sont grandes les joies de votre âge, combien sont précieux les trésors que vous portez! prenez garde au choc du vice qui prend tous les masques, qui se joue des sentiments les plus saints et les plus délicieux de la nature, pour les ravir aux imprudentes qui prêtent l'oreille à ses discours perfides, qui ouvrent les yeux sur les monceaux d'or tentateur qu'il fait briller! à celles dont le cœur oubliant Dieu et leur mère, fuient loin du toit paternel, quittent l'heureux asile des champs pour venir grossir le nombre des infâmes prostituées des villes. L'instinct précoce qui flétrit jeunesse, beauté, vertu, ne fait bientôt du corps et de l'âme qu'un haillon infect, pâture d'hôpital et de prison où l'on meurt seule,... toute seule!.. Là, vous attendent le scalpel de l'anatomiste, et le tombereau qui jete à la voirie les chairs que les chiens s'y disputent. Ah! restez, restez dans vos campagnes, vous qui en êtes le plus bel ornement, vous les fleurs de Dieu dans ce jardin des hommes droits de cœur et endurcis au travail! Restez, afin qu'ils aient de chastes épouses qui deviennent de saintes mères!... si vous saviez combien cela est rare dans les villes. Pauvres étoiles de la terre, on vous arracherait sans pitié sur vos tiges si gracieuses, pour l'ornement d'un jour, d'une nuit de bal et de fête! A la place de ce soleil vivifiant qui vous inonde, de cette rosée rafraîchissante qui vous rend mille fois plus belles encore, on vous étiolerait aux feux blafards des bougies, et le matin une main dédaigneuse vous jetterait au ruisseau de l'égout. Ici du moins vous vivez ce que la nature vous donne de vie. Ici l'amitié des compagnes rafraîchit, l'amour de l'honnête homme, cet amour qui s'avoue sans honte parce qu'il vient du cœur, vous entoure de ses plus douces prévenances, et vous conduit en plein jour à l'autel où Dieu bénit vos alliances! Les joies de la famille vous entourent, la paix et l'abondance naissent sous le charme indéfinissable de l'accomplissement de vos devoirs de filles, d'épouses et de mères; et quand vient la mort, ce dernier bienfait de la nature pour ceux qui aiment et qui espèrent de l'amour et de l'espérance de nos pères chrétiens, vos enfants vous ferment les yeux, et leur piété sainte vient prier, pleurer et gémir sur vos tombes!... Mais là-bas!... là-bas!... dans ces grandes villes qui vous éblouissent! oh! là-bas, je vous l'ai dit, c'est la honte, la dégradation, la mort solitaire sur un lit d'hôpital, et le charnier pour tombeau!... Il faut souvent si peu de chose pour précipiter ces angéliques créatures dans le bourbier de la corruption. Combien de jeunes filles fussent restées pures au village, qui sont venues souffrir et mourir dans les villes après avoir perdu leur honneur, leur santé, dans des orgies immondes! Combien de mères ont pleuré en attendant des retours impossibles. Hélas! en les voyant si accortes, si fraîches, si pittoresquement vêtues, avec leur doux visage où rayonnent la candeur et l'innocence, pourquoi faut-il trembler que le moindre souffle des grandes cités ne vienne les sécher sur leurs tiges, les flétrir et les brûler comme la feuille qu'emporte le vent d'automne.

De temps immémorial, l'art de la culture des

terres est en honneur dans la vallée de la Grosne; et en fait *d'art, de science, d'industrie et de liberté, nous sommes les aînés des peuples de la terre.* L'Europe était encore aux premiers essais du labourage et de la culture, que les Eduens possédaient et mettaient en pratique les grands secrets de l'agriculture, et que plus tard les Bourguignons ont élevé les fondements d'une indestructible prospérité vinicole. Ensuite le serf, associé aux travaux des moines qui défrichèrent les vastes forêts qui couvraient cette contrée, échappa sous cet abri sacré aux violences et au brigandage qui signalèrent ces siècles de barbarie et d'ignorance. Les progrès dirigés par l'activité infatigable des religieux, rendirent le joug de l'oppression féodale plus léger. Alors les paysans acquirent des priviléges. Enfin, l'on ne peut nier que les richesses des couvents n'aient eu dans le principe, et le plus souvent, une direction utile, qu'ils n'aient été employés à décorer les villes, à encourager l'industrie, les arts et les sciences, à fertiliser, à enrichir le pays, et que le fermier trouva toujours des maîtres humains et charitables dans les pères du couvent dont il affermait les terres. Pourquoi de si nobles exemples sont-ils perdus pour les successeurs dégénérés de ces saints hommes?

Je termine ce récit champêtre par une aventure de mon jeune âge: il y a de cela si long-temps, je n'avais pas encore quitté le foyer paternel.

C'était vers la fin d'août, je crois, dans une de mes courses aventureuses à travers nos pittoresques campagnes, je me trouvai tout-à-coup au milieu d'un champ où les derniers travaux de la moisson avaient réuni une troupe d'hommes, de femmes et d'enfants d'un de ces riches villages qui se pressent sur les bords riants de la Grosne. Armés de longues fourches, de vigoureux paysans saisissaient de fortes gerbes à l'épi doré que d'autres disposaient à leurs pieds, et les lançaient avec une adresse merveilleuse sur un chariot où un des moissonneurs les entassait symétriquement. Les bœufs broutaient non loin de là quelques herbes éparses en attendant le départ, et les chiens, couchés sous les voitures, haletaient en tirant la langue. Déjà vingt scènes pareilles s'étaient offertes à mes regards sans me tirer de mes préoccupations, lorsqu'un groupe de moissonneurs, qui se distinguait des autres par le nombre et la gaieté de ceux qui le composaient, fixa plus particulièrement mon attention: et vrai, c'était quelque chose de beau et d'original tout à la fois. Attelés à un long chariot porté sur quatre roues et tout couvert des présents de la blonde Cérès, quatre bœufs attendaient insouciants le coup d'aiguillon. Monté sur le faîte du chariot, un garçon de vingt-cinq ans environ, aux bras forts et velus, arrangeait, en sifflant, les cordes destinées à maintenir les gerbes serrées. Sur l'avant-train, assis sur deux bottes de fourrages, et adossé à la herse transversale qui maintenait la charge, était un homme d'une cinquantaine d'années, au teint bruni par plus d'un soleil d'été, et dont l'œil vif brillait sous les larges bords d'un chapeau de paille orné d'un bouquet de fleurs des champs. Sur son front, que le temps commençait à sillonner de rides, s'épanouissait toute la sérénité du contentement, toute la joie expansive du laboureur qui voit ses travaux couronnés d'un succès qui dépasse toutes ses espérances. Ses cheveux mêlés de fils d'argent tombent en longs faisceaux sur ses larges épaules que couvre une chemise d'un chanvre doré, et dont le col, d'une toile plus fine et plus blanche, négligemment rabattu, n'est maintenu que par un simple cordon. Sa main est armée d'un aiguillon, à ses côtés sont assises deux jeunes filles semblables à deux gracieuses figures d'anges, telles qu'on en voit sur les tableaux de nos églises, à côté des images du père éternel, ou de quelques saints ermites au fond de leur cellule. Celle qui était à droite pouvait avoir seize ans; elle était belle sans avoir pourtant rien de remarquable, qu'une longue et magnifique chevelure noire comme l'aile du corbeau, qui contribuait à faire ressortir avec infiniment d'avantage, la finesse et la blancheur de son teint, sur lequel resplendissaient ces vives et fraîches couleurs de jeunesse que tout l'art du monde ne peut rendre à qui les a perdues. Autour de sa tête, et légèrement inclinée, s'arrondissait une couronne tressée de blanches marguerites des champs. Elle tenait à la main une poignée d'épis mêlée de coquelicots au rouge éclatant, dont elle se servait comme d'un éventail. L'autre, qui était à la gauche, âgée d'une année de moins que sa sœur, était d'une beauté ravissante. Rien de plus pur, de plus suave que les lignes de son visage, digne du pinceau de Prud'hon. Son ovale parfait aurait défié l'exactitude la plus sévère du dessin. De grands yeux noirs, admirablement fendus en amande, frangés de longs cils soyeux, rehaussés d'un sourcil moelleusement arqué, une bouche dont les lèvres vermeilles faisaient pâlir les roses, et laissaient voir, en s'entr'ouvrant avec le sourire le plus enchanteur, deux rangées de perles d'une blancheur éblouissante, de longues boucles de cheveux d'un blond tendre, qui déroulaient leurs flots ondoyants sur un cou de satin flexible et gracieux comme celui de l'oiseau de Léda ; tels étaient les caractères de beauté de cette jeune fille dont l'ensemble des traits vraiment angéliques reflétait dans toute sa délicieuse personne cette joie enfantine, doux trésor de son âge, pure comme un rayon du soleil levant qui boit la rosée sur la tendre fleur que l'aurore voit livrer aux caresses du zéphir sa brillante corole à peine entr'ouverte, et sur laquelle elle vient de répandre ses pleurs d'émeraudes et de rubis. Dire ce que j'éprouvai à cette vue, serait impossible. J'étais tellement absorbé dans cette douce contemplation, que je n'avais pas remarqué que, comme sa sœur, elle portait une couronne sur son front virginal ; elle était de bluets et gracieusement posée sur le haut de sa tête. Etait-ce hasard ou coquetterie innée chez la femme, que ce choix de couleurs qui brillaient au diadème de ces deux vierges ? Pourquoi la blanche marguerite étalait-elle ses faisceaux d'argent sur la chevelure d'ébène de la brune, tandis que le bleu tendre reflétait ses nuances célestes sur les cheveux de la blonde ? Innocentes et pures comme elles étaient, que leur importait le choix, puisqu'elles auraient été aussi fières, aussi belles avec l'une qu'avec l'autre des deux couronnes.

Mais déjà l'homme à côté duquel elles étaient assises avait attaché, au timon de son pesant chariot, son attelage, et de son aiguillon allait presser les pas nonchalants des bœufs. Le jeune villageois monté sur les gerbes, agitait son chapeau de paille au dessus de sa tête, et entonnait d'une voix forte une ronde dont le refrain était chanté en chœur par tous ses compagnons rangés autour du char, tandis que les chiens, agitant leur queue en signe qu'ils prenaient part à la joie générale, allaient et venaient en frappant l'air de leurs aboiements brefs et saccadés. Le conducteur donna un coup d'aiguillon, la lourde masse s'ébranla, et la campagne retentit de chants joyeux. Je me mêlai à l'escorte, et après une demi-heure de marche triomphale à travers les champs, nous arrivâmes devant une belle et grande ferme dont les portes s'ouvrirent à deux battants pour livrer passage à notre bruyant cortége. Le chariot s'arrêta dans la cour qui formait un carré long. Au milieu était une mare qui se dessinait en demi-cercle, et prêtait ses eaux noires aux clapotements des oies et des canards, et servait aussi à hâter la fermentation putride des pailles et autres matières végétales destinées à fumer les terres. A droite et à gauche, des granges et des écuries renfermant les fourrages abritaient de nombreux agneaux bêlant à côté de leur mère. Ces granges et ces écuries étaient surmontées de vastes greniers largement espacés et bien aérés, où l'on rangeait avec soin l'orge et le seigle, l'avoine et le froment qu'attendent et la pierre du moulin qui broie, et la main qui les pétrit et livre au four d'où sort la *manne céleste* que Dieu donne à qui se lève avant le soleil pour creuser le sillon où elle prend germe et fructifie. Parabole sublime dont le génie de Moïse s'était servi pour aiguillonner la paresse d'un peuple abruti. Çà et là, le long des murs blanchis, se voyaient des auges où boit le porc si utile après sa mort, la poule qui glousse, et le dindon symbole de la stupidité orgueilleuse. Au milieu, un puits vaste et profond reçoit dans son ouverture béante un énorme seau suspendu à un cable qui s'enroule autour du cylindre de bois poli placé dans la longueur de son diamètre, et que mettent en jeu deux manivelles de fer brillant. A côté de ce puits est une énorme pierre creusée en forme de bassin, dans lequel on verse l'eau qui sert à abreuver les bœufs et les chevaux. Au fond et en face de nous, occupant toute la largeur, s'élevant entre cour et jardin, le bâtiment principal habité par le fermier et sa famille. Une femme de quarante ans environ, grande, forte, et dont l'allure dégagée annonçait une *maîtresse femme*, comme on dit au village, se tenait sur le seuil de la porte. Dès qu'elle vit son mari, car c'était lui, mettre un pied à terre, elle s'avança pour aider aux deux jeunes filles à descendre. Elle les reçut dans ses bras, et les embrassa tour à tour en s'extasiant sur leurs belles couronnes.

— Comme vous voilà fleuries, enfants, dit-elle, et toi, notre homme, bien fatigué, pas vrai?

— Oui femme, la besogne a été rude, mais, grâce à Dieu, tout est fini, et dans deux heures, si nos gens ne sont pas paresseux, tout sera rentré dans la grange. Ça fait une belle moisson tout de même ; il y a long-temps qu'on a vu d'aussi beau blé !

— Vous devez avoir bien chaud ?

— Et soif. Dis donc, femme, faut faire rafraîchir ce monde... Et ces pauvres enfants !

— Allons, Louise, dit la mère, et toi, Bastienne, allez en avant préparer des verres. Et les deux jeunes filles de courir.

— Ah ça, vous autres, cria le fermier, vous boirez bien un coup, pas vrai ?

— C'est pas de refus, notre maître, dirent tous les moissonneurs à la fois.

— Dame ! dit un gros courtaud dont le nez couleur de lie de vin étale ses bourgeons sur une trogne d'un rouge pourpre, m'est avis que le vin est bon tout de même et en tout temps !

— Ah pardine, v'la qu'est ben dit, Jean Gorju, fit un autre.

— Entrez donc ! cria de toute sa force le grand gaillard qui, perché sur le chariot, avait entonné le chant qui nous avait conduits à la ferme. — Et tous se dirigèrent vers la porte d'entrée. Je ne savais si je devais rester ou m'en aller, lorsque s'apercevant de mon incertitude, le chanteur vint droit à moi, et me dit :

— Et vous, monsieur, est-ce que vous n'avez pas soif? Entrez donc, à la campagne c'est sans façon ; mon oncle ne sera pas plus fâché que moi de faire votre connaissance. C'est aujourd'hui fête à la ferme, nous boirons, nous danserons, nous rirons ! Venez que je vous présente. Sans me donner le temps de répondre, il me conduisit devant son oncle qui fut tout étonné de me voir devant lui. Son neveu lui ayant dit comment il m'avait invité, il me demanda qui j'étais, je le lui dis.

— Les enfants des braves gens, me répliqua-t-il, ne sont déplacés nulle part. J'ai bien connu votre famille. Tout le pays est là pour dire que c'était la plus honnête de la contrée.

Faites-moi raison de ce gobelet à la mémoire de votre père. Je me sentis ému et fier de l'accueil du fermier, une larme vint mouiller ma paupière.

— Vous êtes un bon fils, ajouta-t-il ; et il me serrait la main, tandis que sa femme qui s'était rapprochée de son mari, et avait vu mon émotion, me versait une seconde rasade en me disant :

— Il faut être fier de ça, monsieur.

— Bien dit, ajouta le père Dagoneau, en regardant sa femme, puis se tournant vers moi : Vous êtes des nôtres ! vous souperez avec nous, nous ne vous lâcherons que demain matin.

J'étais enchanté de tout ce qui m'arrivait. Jamais accueil plus franc, plus cordial, ne m'avait été fait de ma vie. L'éloge de ma famille dans la bouche de ces braves gens me transportait d'un noble orgueil, et puis vous l'avouerai-je, charmante lectrice, je n'étais pas fâché de pouvoir contempler, tout à mon aise, les deux célestes créatures aux couronnes, que je savais être les filles de maître Dagoneau. Ne croyez pourtant pas qu'aucun autre sentiment que celui d'une admiration sincère pour leur beauté et leur jeunesse, m'agitait alors; non, la moindre mauvaise pensée m'aurait fait croire que j'étais indigne de la confiance qu'on me témoignait. J'ai souvent exprimé de la sorte mes impressions de ce moment devant certaines grandes dames de la ville, elles m'ont ri au nez. C'est le propre de la corruption de ne point croire à la pureté des sentiments des autres. En effet, quelle idée peuvent avoir de la candeur d'un jeune homme de vingt ans, des femmes qui ne veulent régner que par les sens, et dont le cœur abruti ne se réveille que sous le galvanisme des plus sales passions? Croient-elles à la pureté des vierges, ces dames dont la jeunesse flétrie dans l'orgie ne lègue à leur âge mûr que la rage de vieillir. Les sentiments, les illusions si douces du jeune âge, la franchise de l'âme, la candeur, l'innocence, ne sont pour elles que des objets de mépris. Pourries, gangrénées au cœur, elles ne voient partout que l'ulcère qui les ronge? Sous le souffle impur de leur sarcasme, toute fleur se fane et meurt. Sous leur toucher flétrissant, la robe virginale devient lambeau, guenille infecte bonne à jeter aux immondices. Protée aux mille formes, elles grimacent tout, ne sentent rien, se jouent des plus nobles sentiments, des plus saintes croyances; Messalines effrontées, les bourbiers d'Amathonte sont leur temple : malheur, mille fois malheur à qui les approche! honte éternelle à qui devient leur esclave! Adieu pour lui la paix et le bonheur, à lui tous les tourments de l'enfer, une jeunesse étiolée, une vieillesse précoce, la ruine, la misère, et par dessus tout cela l'infamie!.... Voilà son lot.

Après qu'on eut vidé gaiement un broc de vin frais, maître Dagoneau donna ses ordres à tout son monde, qui reprit le chemin de la cour pour décharger les chariots, et rentrer les gerbes dans la grange. Madame Dagoneau s'occupait des préparatifs du souper, avait l'œil et la main à tout; tandis que ses deux filles dressaient le couvert. Quant à moi, m'étant retiré dans un coin pour ne gêner personne, j'eus le temps d'examiner à loisir la pièce dans laquelle je me trouvais. C'était une vaste salle basse qui servait en même temps de cuisine. A droite de la porte d'entrée était une cheminée dont le manteau orné d'une draperie de serge verte découpée en dents de loups bordés d'un liseré en laine de la même couleur, était supporté par deux piliers de six pieds environ, et tout noircis par la fumée. Un homme pouvait se tenir à l'aise sous la traverse qui supportait la draperie et quelques ustensiles de ménage placés sur son appui. Au dessus était posé horizontalement, sur deux chevilles à crochet fichées dans le mur, un fusil de chasse que surmontait un buste de Napoléon soutenu sur une planchette fixée là tout exprès pour lui servir de piédestal. Sous le manteau de la cheminée, et à gauche, était une espèce de chaise en bois plein dont le siége forme un coffre dans lequel on met le sel destiné aux besoins journaliers. En face de la cheminée était une armoire en bois de noyer poli; ses portes brillaient comme deux glaces sous le couronnement d'une corniche dont les moulures faisaient une saillie de quatre pouces en avant au dessus d'elle. Rangés contre le mur du fond, et en regard de la porte d'entrée, étincelaient de propreté sur un vaissellier, des plats d'étain et des assiettes en faïence vernissées où se peignent les oiseaux domestiques, les poules, les coqs aux couleurs changeantes et variées. A côté du vaissellier était une huche de bois de chêne contenant le pain ; dessus étaient diverses poteries et quelques chandeliers. A la gauche de la huche sont deux grands seaux contenant l'eau pour la cuisine, et à sa droite, appendue au mur, une faulx étale son fer grisâtre à côté d'une faucille dont le clou supporte une roulière surmontée d'un chapeau de paille à larges bords.

J'en étais encore à examiner tous ces détails, lorsque mon oreille fut frappée de ces mots répétés par tous les gens de la ferme qui étaient dans la cour :

— Le voilà ! le voilà ! notre maître. Hé ! notre maître ! M. le curé !

— Quoi donc, enfans ?.. fit le fermier qui rangeait les gerbes dans son grenier. La curiosité me fit sortir, et j'arrivai dans la cour au moment où tous répondaient :

— C'est M. le curé ; notre maître, c'est lui !

— Qu'il soit le bien venu, dit celui-ci, je l'attendais. — Je vis maître Dagoneau descendre et s'avancer au devant d'un respectable vieillard de soixante-dix ans au moins, dont la tête droite était ornée d'une longue chevelure d'un blanc argenté semblable à celui de l'écorce du bouleau. Séparés en deux sur le sommet de sa tête, ses cheveux tombaient en boucles arrondies sur l'étroit collet de sa soutane. Il tenait sous le bras gauche un feutre noir de forme ronde, et d'une main il s'appuyait sur une canne à pomme d'ivoire. Sa démarche était noble et digne ; ses traits respiraient la sérénité d'une âme simple, vertueuse et grande comme la doctrine du Christ : on eût dit voir Jean l'Évangéliste dans sa vieillesse, tant était sublime l'expression de toute sa personne. Dès que le père Dagoneau fut près de lui, il s'inclina profondément; tous les assistants suivirent son exemple, alors le vénérable curé lui tendit affectueusement la main, et s'adressant à cette foule respectueuse de travailleurs, il leur dit :

— Bien, mes enfants, très bien! J'aime à vous voir ainsi au milieu de vos utiles travaux ! C'est de cette manière que vous êtes la seconde main de la Providence dont le bras protecteur s'étend sur nos belles campagnes pour assurer aux hommes les seuls biens qu'elle lui doive. — Et vous, mon bon père Dagoneau, c'est de votre ferme que l'on peut dire : La maison des honnêtes gens est le palais du travail !

— Vous êtes trop bon, monsieur le curé, murmura Dagoneau; mais la bénédiction du ciel peut y entasser encore plus de richesses que nos faibles efforts. Qui Dieu exaucera-t-il s'il n'écoute favorablement les prières de l'un de ses plus dignes ministres ? Bénissez donc votre œuvre, monsieur le curé ! car si tout le monde travaille ici, c'est que vous avez prêché à tous l'amour du travail. Si nos moissons sont abondantes, si nos greniers regorgent, sera-ce trop de dire que c'est parce que vous avez beaucoup prié pendant que nous avons beaucoup travaillé ?

— Mes enfants, dit le prêtre, ne vous y trompez pas, le travail, c'est aussi la prière ; prière que Dieu exauce en la rendant profitable ici-bas, et méritoire pour l'autre vie. Oui ! travailler, c'est prier plus saintement, d'une manière plus agréable au Créateur que toutes les génuflexions des hypocrites dans la maison du Seigneur ! En vérité, je vous le dis, tout homme oisif est semblable au limaçon qui vient, en les suçant, baver sur les fruits de l'espalier ; le jardinier l'écrase et fait bien, car il n'a droit à aucun avantage ici-bas ; le travailleur, au contraire, peut-être assuré de voir chaque jour combler tous ses vœux. En disant ces mots, le prêtre étendit la main, tous les fronts s'inclinèrent sous le signe auguste qu'elle traça dans les airs. De ce moment je compris la grandeur du ministère du bon pasteur qui, selon la parole du Christ, fait paître dans les champs du travail et de la fraternité les brebis de son troupeau. Heureuse simplicité de la foi, combien tu me parus sublime, quand je vis tous ces villageois au teint bruni par le soleil et baignés de sueur, s'abaisser, courber le front sous le signe de la croix d'où l'homme Dieu étendait ses deux bras sur le monde, en signe qu'il l'asservissait pour toujours à ses lois! Douces et saintes croyances de nos pères, qu'êtes-vous devenues? En vain je vous cherche. Des philosophes ont tout matérialisé, des chimistes ont jeté Dieu dans leurs creusets pour l'expliquer! Attendez! Ils nous en promettent une définition exacte quand ils l'auront analysé! On rit de la crédulité de ces gens de la campagne! Serait-ce par hasard que la science a démontré que le grain de blé jeté dans le sillon du laboureur y germe, s'y développe et fructifie sans le secours du ciel! Qui osera l'affirmer? Sera-ce ces hommes qui ne sauraient dire comment poussent leurs cheveux, ni en ajouter un sur leur tête?

Après cette scène imposante, et le travail étant terminé, le fermier, marchant à côté du vénérable curé que suivaient tous les moissonneurs, les conduisit dans la salle que nous connaissons déjà, où le couvert était dressé sur une table en carré long qui la traversait dans presque toute sa longueur. La mère Dagoneau les reçut sur le pas de la porte, et conduisit le pasteur à la place d'honneur qu'elle lui avait préparée au milieu, du côté de la cheminée, à laquelle le curé tournait le dos. Elle indiqua à son mari de se placer à droite, et fut se mettre à sa gauche. De l'autre côté de la table, en face du curé, elle plaça son neveu et moi. Tous les autres convives allèrent se mettre indistinctement où ils voulurent. Jean Gorgu se trouva tenir le haut bout du côté du vaisselier. Le hasard ou sa volonté l'avait merveilleusement placé pour être en évidence. Cet homme, avec sa face rubiconde, était un de ces loustics de village dont la grosse gaieté et les saillies toutes rondes avaient plus d'une fois provoqué le sourire des campagnards avec lesquels il s'était trouvé. Enfin les deux jeunes filles, la tête toujours ornée de leurs couronnes, furent chargées de servir. Laissons le curé prononcer à haute voix le *bénédicité*, et nos convives faire honneur au simple mais abondant repas qui leur est offert, pour voir ce qui se passe dans une chaumière située à l'autre extrémité du village sur la lisière de la forêt.

VII.

UNE SOIRÉE AU VILLAGE.

Représentez-vous une pauvre masure délabrée dont la toiture en chaume, ratissée vingt fois par les orages et les vents d'hiver, voit ses blessures se couvrir d'une mousse qui étale çà et là quelques nappes verdâtres. Pour toute fenêtre elle a un trou carré, que ferme à peu près un volet de bois pourri, soutenu par une cheville de fer rouillé. Un loquet en chêne tient lieu de serrure à une porte pleine, dont les ais mal joints sont soutenus par une traverse placée au milieu, et qui pend d'un côté faute d'un clou pour la maintenir; les eaux pluviales, à force d'user le terrain sur lequel elle portait, l'a rendue trop courte : un chat y peut passer à l'aise. Quand on ouvre cette porte on voit sur l'aire humide, et adossé au mur du fond, un mauvais grabat aux pieds vermoulus, sur lequel une paillasse est à moitié cachée sous une couverture de laine sale et rongée par le temps, et dont les nombreuses déchirures avaient été tant bien que mal réparées avec des bouts de ficelle; une chaise défoncée, dont le pied boiteux était relevé par une brique; un mauvais bahut cachant quelques croûtes d'un pain noir et sec, que les rats se disputaient la nuit; une cruche ébrèchée, qui n'avait plus que le col; un couvet privé de son anse, et un balai quasi neuf, étaient sous le manteau de la cheminée, sur l'âtre de laquelle quelques cendres rares attestaient une longue abstinence de feu. A une crémaillère édentée pendait une marmite veuve de ses pieds. Un chat couché sur le lit, et une poule noire acroupie dans la cendre, partageaient, avec un troisième personnage, les bénéfices de ce terrier, dans lequel on arrivait en descendant deux marches couvertes d'une terre glissante. Sur le bahut, à côté d'une assiette cassée, était un jeu de cartes dont les figures étaient voilées d'une crasse pareille à celle qui couvre un vieux sou qui a séjourné long-temps dans le comptoir humide d'un épicier.

L'espèce d'être humain qui habitait ce triste réduit était une vieille femme décrépite. Sous sa coiffe déchirée sa chevelure pend comme les branches d'un saule pleureur couvert de givre. Ses yeux, petits et ronds comme ceux du hibou, brillent comme des escarboucles au fond de deux coquilles de noix. Son nez aquilin, dont la maigreur de son visage crevassé de rides double encore l'effrayante longueur, se recourbe comme le bec d'un oiseau de proie en avant de sa lèvre supérieure, déprimée sur une gencive calleuse et dégarnie de ses dents. Son menton, sur lequel végètent de nombreuses verrues entourées de poils gris, ressemble à un fragment de tuile où tombe le grésil. Elle est curieuse à voir avec son casaquin de calmande d'un rouge garance, et son jupon de droguet rayé vert et blanc, où mille reprises en fil bis dessinent les lignes les plus fantastiques.

Or, ce jour-là, c'était un samedi, la vieille était à genoux devant l'âtre, une main appuyée par terre, tandis que de l'autre elle activait quelques morceaux de bois sous la marmite. Une lampe à bec, noire et fumeuse, est appendue à l'un des piliers de la cheminée; elle projette une lumière douteuse sur une image de Geneviève de Brabant, seule décoration des murs dépouillés. Le chat, faisant gros dos, se frottait contre ses jupons en les caressant, tandis que la poule, perchée sur le dos de la chaise, cachait la tête sous son aile. Rien n'était bizarre comme la figure de cette femme, ainsi accroupie en soufflant son feu. Ses joues caverneuses s'enflaient bruyamment à chaque aspiration, et s'aplatissaient ensuite avec un craquement semblable au froissement d'un morceau de parchemin, chaque fois qu'elle reprenait haleine. Les tisons étant bien enflammés, la vieille se releva assez lestement, et fut s'asseoir sur la chaise. La poule, habituée à ce voisinage, ne se dérangea pas, quoique sa maîtresse grommelât entre les dents je ne sais quelles paroles inintelligibles. A peine fut-elle assise, qu'elle tira du fond de sa poche un étui couvert en peau de chagrin, dans lequel elle prit des lunettes dont les verres étaient maintenus par une baleine contournée, arrondie en cercle à ses extrémités, et dont le milieu, arqué en demi-lune, s'adaptait sur la partie inférieure du nez, qu'il pinçait de l'élasticité de son ressort. Figurez-vous une chouette à laquelle on aurait mis des lunettes, et vous aurez une idée assez exacte de la figure de ma bohémienne dont la silhouette projetée sur le mur avait quelque chose de diabolique que nul pinceau ne saurait rendre. Elle allongea son bras décharné vers le bahut, et prit dessus le jeu de cartes qui était placé à côté de l'assiette cassée, les étala sur ses genoux, et les rangea de vingt manières différentes. Neuf heures vinrent à sonner à l'horloge du village ; le tintement monotone de la cloche dont le son fut se perdre dans le vague de l'air, la tira de sa préoccupation. Elle redresse la tête, écoute, compte, et tout à coup elle rejette tout son corps en arrière sur le dossier de la chaise. La poule surprise par ce mouvement brusque, perd un moment l'équilibre, et secoue ses ailes en faisant entendre un petit gloussement particulier de mauvaise humeur. La vieille jette ses cartes qui vont s'éparpiller moitié sur le bahut, moitié par terre où le chat les retourne avec ses pattes. Elle allonge ses bras, se lève brusquement, et allant droit à la place où est son balai, le saisit, pousse du pied sa chevelure de genêts, et d'une main prend le manche comme on fait d'une canne sur laquelle on s'appuie en marchant. Elle reste ainsi un instant immobile, les yeux fixés comme ceux d'un cadavre. Bientôt une crispation convulsive agite tout son être, sa bouche tremble, son visage terne et ridé s'anime, les pommettes de ses joues s'allument, son œil est flamboyant. Telle la Pythonisse sur le trépied sacré, elle se dresse sur la pointe des pieds, tout son corps long et sec craque sous cet effort fébrile, elle en arrive au point de ne plus pouvoir rester en place, alors elle s'élance d'un bond vers la porte en laissant échapper ces mots : « Heureux! heureux! Il y a donc des heureux!... les fous!... et moi je souffre.... je jeûne.... j'agonise longuement dans ce sépulcre qui les fait pâlir!... Pourtant!... » Il y eut un moment de silence après lequel elle fit avec un accent satanique cette horrible évocation. « A moi, puissance de l'enfer! à moi, reine du sabbat! que j'aille écrire un malheur sur les murs de la salle du festin de ce Balthazar! » Elle franchit d'un bond le seuil de sa porte qu'elle poussa fortement derrière elle, et semblable à une ombre, elle se glisse le long du bois en faisant un circuit pour éviter toute rencontre jusqu'à la ferme de Dagoneau, où elle entre furtivement, se coule comme un lézard contre les murailles, et vient coller son oreille à l'un des carreaux de la fenêtre qui donnait en face de la place occupée par Jean Gorju. Le hasard voulut que celui-ci eût justement les yeux dirigés sur cette fenêtre quand elle y arriva. Il tenait son verre à la main, et s'apprêtait à le porter à sa bouche, quand tout à coup, il resta comme pétrifié sous cette apparition imprévue. Sa main tremblait tellement que le vin s'échappait de son verre, et tombait sur ses genoux.

— Eh bien, Gorju, qu'as-tu donc? lui dit le curé qui le premier s'aperçut de son trouble et du jeu comique de sa figure effrayée ; te trouves-tu mal?

— Non pas, vraiment, monsieur le curé! répondit-il en tremblotant.

— Pourquoi trembles-tu de la sorte?

— C'est que, il m'a semblé voir là bas!..... Ah! mon Dieu, je vois encore...

— Quoi? dit à son tour Dagoneau.

— Le diable!... fit Gorju.

— Allons donc, enfant, reprit le curé.

— Vrai comme vous êtes un honnête et digne homme du bon Dieu, je veux que tout le vin de la Bourgogne se change en eau pendant tout aussi long-temps que vous avez dit la messe et que vous la direz encore, s'il plaît au ciel et à votre bon ange gardien, si je ne viens pas de voir derrière la vitre la plus vilaine figure de diable qui soit possible. Je parierais que c'est Satan ou un de ses enfants qu'est sorti tout exprès de l'enfer pour venir au sabbat, avec ça que c'est aujourd'hui samedi, le jour où toutes les vieilles sorcières qui lui ont vendu leur âme en échange de pouvoir jeter des sorts aux autres, tels que la rage aux chiens, la cocotte aux vaches, la morve aux chevaux, la rougeole et la teigne aux enfants, la pépie aux poules, et même à bien des hommes, vont courir les chemins à cheval sur des manches à balai.

— Auras-tu bientôt fini de conter tes sottises, lui dit le fermier dont le neveu s'était dirigé du côté de la croisée en question pendant la belle tirade de Gorju. Bois un coup pour te remettre, et tais-toi ; mon neveu qui est allé regarder au carreau n'a rien vu de tout ce que tu nous dis-là ; pas vrai, garçon.

— Non, mon oncle ; Gorju est toujours comme ça, il croit à toutes ces bêtises.

— Oui que j'y crois, et que je n'avons pas tort. Voyez-vous, notre maître, y ne faut jamais plaisanter avec les choses surnaturelles; M. le curé, que voilà, vous le dira comme moi.

— J'aurais bien envie de te gronder, dit le curé, pour ta prétendue vision. Si tu venais plus souvent à l'église écouter mes avis, tu n'en serais plus à croire de telles absurdités. Tu saurais, car je le répète tous les jours, qu'il n'y a pas de sorciers.

— Que voulez-vous, monsieur le curé, c'est plus fort que moi, je crois aux loups-garous, aux sorts, aux esprits follets qui enlèvent la crême du lait, qui se changent en chiens noirs, en pies. La nuit, les hurlements du chien, ou le cri de la chouette m'annoncent la mort. Un bruit répété me prédit un malheur. Je crois que dans la tour ronde il existe une fée protectrice de Cluny. On l'appelle *Vouivre*, elle a la forme d'un dragon ailé, la force d'un taureau, les yeux de diamant, le corps couvert d'écailles vertes et argentées, flexible comme la queue d'un serpent; à son cou brille un collier d'or fin. Ce n'est que quand une grande catastrophe doit arriver, que la nuit, au clair de la lune, on voit la Vouivre se désaltérant dans la rivière; si vous pouvez la surprendre, effrayée elle se sauve et vous laisse ses yeux et son collier. Je crois aux revenants comme je crois à mon ange gardien, que Dieu nous a donné, comme vous le dites aussi, pour nous en préserver.

— Tu dis plus de sottises que tu n'as de bourgeons sur le nez, dit à son tour le neveu du fermier, est-ce aussi un sort qui te les a donnés?

— Eh, dites donc, vous m'y faites penser, ça se pourrait bien tout de même.

— Je te dis moi que c'est le vin, et si tu n'y prends garde, tu pourrais bien l'avoir bientôt comme le père Simon.

— C'est bien assez d'un comme ça dans le pays, dit Gorju.

— Eh bien, fais-y attention, sois sobre, et tes bourgeons disparaîtront.

— Vous croyez.

— Pardine! sans doute.

— C'est égal, j'aimerais mieux dire cinq *Pater* et cinq *Ave* tous les soirs, si c'était la même chose.

Cette saillie mit les convives en belle humeur. Le curé qui, mieux que tout autre, savait compatir aux misères humaines, vit qu'il n'aurait rien à gagner dans ce moment avec Gorju sur sa superstition ; il se contenta de lui dire qu'il ne ferait pas mal d'ajouter à la précaution indiquée par le neveu du fermier, les cinq *Pater* et les cinq *Ave*, ce que le villageois promit de faire. Je le crois capable d'avoir tenu sa promesse, car, à part cette faiblesse d'esprit, commune à bien des habitants de nos campagnes, Jean Gorju était un honnête garçon, franc, loyal, dévoué, toujours prêt à obliger ses amis; il avait peut-être un peu trop de penchant pour le vin, mais quand on lui en faisait reproche, il disait tout naïvement que le bon vin n'avait jamais fait de mal à personne, qu'au contraire les méchants étaient tous buveurs d'eau. Ne croyez pas qu'il fût un ivrogne dans le sens qu'on donne généralement à ce qualificatif, ce n'était qu'un rude et joyeux buveur. Jamais on ne lui avait vu perdre la *boule*, comme on dit au village ; jamais il n'avait eu de querelles au cabaret ; souvent même ses gros bons mots avaient rétabli la paix et la bonne harmonie entre ses camarades, moins raisonnables que lui, quoique comparativement beaucoup plus sobres.

Un observateur placé en dehors aurait pu peindre mieux que moi le spectacle que présentait la table et les convives ; car, à l'exception du curé, du fermier, de son neveu et de moi, tous les autres ouvraient de grands yeux et écoutaient avec une certaine terreur approbative les balivernes de Gorju.

Mais revenons à la vieille qui s'était approchée de la fenêtre, et dont le profil avait tant effrayé notre gros Bourguignon. Au geste que celui-ci avait fait en la désignant sans la reconnaître, elle s'était aussitôt retirée et avait été se blottir derrière quelques bottes de paille abritées sous un hangar voisin ; ce qui fit que le neveu du fermier ne vit rien au carreau lorsqu'il se dérangea pour s'en assurer. Gorju passa pour avoir eu la berlue, comme le lui reprocha le père Dagoneau. Complètement rassuré, comme nous l'avons dit, le superstitieux campagnard avait débité son chapelet de sornettes avec assez d'aplomb, et reçu la petite leçon de tempérance que vous savez sans trop sourciller.

Les choses ayant repris leur cours ordinaire, le souper à peu près fini, et les convives devenant plus bruyamment loquaces à mesure que le vin circulait, le curé se leva et prit congé de ses hôtes qui le reconduisirent tous jusque sur la porte. Jean Gorju et un autre moissonneur s'offrirent pour lui servir d'escorte. Le curé accepta, non sans faire remarquer qu'il ne pouvait guère compter sur un homme qui avait peur des revenants; mais Gorju ayant répondu qu'il ne craignait rien avec lui, ils se mirent en route, et bientôt ils arrivèrent au presbytère.

Après le départ du respectable ecclésiastique, on se remit à table; les deux jeunes filles, qui jusque là avaient servi, prirent les places d'honneur et soupèrent à leur tour au milieu des causeries plus ou moins animées des moissonneurs. Pendant ce temps, le fermier, muni d'une lanterne, fut donner le coup d'œil du maître dans toute la ferme. Après s'être assuré que tout était en bon ordre, il rentra, négligeant toutefois de visiter le hangar où s'était réfugiée la vieille, parce que cet endroit abritait ses chiens, et que leur silence l'assurait assez qu'il ne s'y pouvait rien passer d'extraordinaire sans qu'il n'en fût averti par leurs aboiements. Il fut donc remettre sa lanterne au clou, et vint s'asseoir sous le manteau de la cheminée. Son neveu en fit autant, et j'allai me mettre à côté d'eux, tandis que la fermière, enlevant les couverts et les assiettes, ne laissait aux convives que leurs verres.

— Ah çà, enfants, dit le fermier, maintenant que M. le curé est parti, qui de vous va nous chanter une petite chanson?

— T'as raison, notre homme, il nous faut une chanson; si cet imbécille de Gorju était là, il nous chanterait sa complainte.

— Si vous voulez, la bourgeoise, dit un des moissonneurs, je vas chanter quelque chose en attendant son retour ?

— Voilà qui est bien dit, mon garçon, bois un coup et entonne-nous ça comme il faut. Mon paysan, prenant son verre à deux mains, et l'ayant vidé d'un trait, mit ses deux coudes sur la table et s'apprêtait à commencer, quand Jean Gorju et son compagnon rentrèrent. Dès qu'on les vit, tout le monde se prit à crier :

— Silence ! silence ! V'là Gorju !... Viens ici Gorju !... remets-toi à ta place, dis-nous ta complainte, ta complainte, tu sais...

— Un moment, un moment les amis !.... Nous v'la bien pressés tout de même ? laissez-moi reprendre haleine et boire un tant soit peu, si vous saviez comme *y fait soif dehors*, vous autres, avec ça que j'avons couru en revenant.

— C'est juste, fit le fermier, versez-lui à boire, et nous l'écoutons.

— C'est fait, notre maître, écoutez donc. Ah ça, mais j'y pense, je savais ben que j'avais des nouvelles à vous apprendre avant tout. Je vous dirai que nous sommes passés, cet autre et moi, devant la maison de la mère Fichet, j'avons écouté un moment à la porte et regardé à travers les fentes du volet. Hé ben!... il n'y avait personne. Sa lampe était pourtant allumée, et sa marmite sur le feu. Ça ne m'a pas paru clair. Là dessus il m'est venu une idée, et je me suis dit tout naturellement : Puisque la sorcière n'est pas là, il faut qu'elle soit autre part, ou ailleurs.

— La belle nouvelle! dirent tous les moissonneurs à la fois.

— Attendez, ce n'est pas tout : voyant que je ne la voyais pas avec son chat et sa poule noire, et que c'était aujourd'hui samedi et la nouvelle lune, j'ai pensé au sabbat. V'là mon affaire ! la vieille y est allée queuque part par là dans le bois des Brosses, ou à la Pierre-Folle.

— Allons, dit le neveu du fermier, te voilà revenu à tes histoires de sorciers. La mère Fichet était couchée ; où diable veux-tu qu'elle aille à pareille heure ?

— Où ?.. au diable précisément ! Et ce qui

me fait croire que c'est ça, c'est que j'ai eu beau chercher des yeux son balai, que je sais bien où elle le met, et que je ne l'ai pas plus trouvé que vous ne trouveriez un louis d'or du bon Dieu dans une de mes poches.

— En voilà assez, dit la fermière, chante-nous ta complainte, ou tais-toi. La mère Fichet sera sortie pour chercher à souper chez quelques voisins. Voilà tout.

— J'voulons ben le croire, notre maîtresse ! mais voyez-vous, rien ne m'ôtera de l'idée qu'elle a plus affaire au diable qu'aux saints du paradis. C'est pas moi seulement qui le dis, tout le monde pense de même. Ah ! voyez-vous, là où brûle le fagot y a de la fumée ! Cette vieille ne me revient pas, v'là mon idée à moi.

A peine Gorju avait-il prononcé ces paroles, que la porte s'ouvrit avec fracas, et l'on entendit distinctement ces paroles prononcées avec un son de voix strident comme celui de la scie qui mord la pierre dure :

— Tu en as menti par ta gorge d'ivrogne.

— Pardine, c'est la mère Fichet, dirent tous les convives à la fois, entrez donc, la mère.

— Soyez la bien-venue voisine, dit le fermier.

— Que le diable l'emporte, murmurait Gorju, la damnée qu'elle est m'a fait une rude peur !

— Prenez une chaise, mère Fichet, dit à son tour la maîtresse de la maison, et mettez-vous à table.

Sans plus de cérémonie, la Fichet se mit à table, but et mangea de son mieux. Or, il arriva que l'une des jeunes filles ayant laissé échapper sa fourchette et fait un mouvement assez brusque pour la retirer, sa couronne tomba sur une salière qui fut renversée. Ce petit accident attira l'attention de la Fichet sur les deux jeunes filles ; elle vit la couronne de fleurs qui brillait sur la tête de Louise, tandis que Bastienne s'apprêtait en rougissant à reprendre la sienne pendant que sa mère la grondait de sa maladresse.

— Oh! oh!... fit la Fichet en hochant la tête, voilà qui ne signifie rien de bon!

— Comment cela, dit le fermier.

— Eh mon Dieu, ne voyez-vous pas les fourchettes en croix, la salière renversée, et cette couronne qui est tombée du front de Bastienne.

— Bon! fit Gorju, quand je vous disais qu'elle était sorcière.

— Tais-toi, imbécille! dit la Fichet. Non, maître Dagoneau, cela ne signifie rien de bon; croyez-moi, vous tous qui m'appelez fille du diable, et reculez épouvantés devant le seuil de ma pauvre cabane. Les yeux de la Fichet flamboyaient. *Que qui peut me comprendre me comprenne. Eh! bien, il y a là toute une destinée de femme écrite en caractères que seule je puis lire et expliquer.*

Tous les assistans ouvrirent de grands yeux, moi-même je fus vivement surpris du ton et de la manière de s'exprimer de cette femme, les deux jeunes filles surtout paraissaient impressionnées des paroles de la sibylle, elles étaient là, immobiles, le cou tendu, la bouche béante :

on eût dit deux statues de marbre représentant l'attention excitée par l'imprévu et le merveilleux. Gorju, comme pétrifié sur sa chaise, était resté, le bras à demi fléchi, tenant dans sa main son verre, sans oser ni le lever ni le baisser. Tel un mari surpris par sa femme, au cabaret, quand elle vient, un enfant sur les bras, le réclamer au milieu de ses compagnons de débauche. Un silence profond régnait dans cette salle, si bruyante, si pleine de gaieté il n'y a qu'un moment. Le fermier fut le premier à le rompre.

— Je vois ce que c'est, dit-il ; vous voulez dire la bonne aventure à Bastienne ?

— Tu n'y croirais pas ! fit la Fichet en ricanant.

— Que vous importe, dites toujours.

— Qui de vous peut savoir si je dirais la vérité, serait-ce toi ? Non ! le temps seul justifiera mes paroles ; oui, je le répète : Il y a là toute une destinée de femme que nulle puissance sur la terre ne saurait arrêter. Les faits s'accompliront. Gardez cette couronne, qu'elle demeure appendue au mur de cette chambre en mémoire de ce que je vous dis, car je ne serai plus, moi pauvre vieille, quand vous la regarderez avec des yeux pleins d'inquiétude, en pensant à cette soirée !

— Ma foi ! que le bon Dieu vous comprenne, mère Fichet, dit le fermier, pour nous, nous n'avons pas tant d'esprit, et bien nous en prend. Que Bastienne reprenne sa couronne, et qu'on n'en parle plus, et vous autres, garçons, chantez-nous quelque chose pour nous divertir.

— Oui, chantez ! dit la Fichet, moi je retourne à ma demeure.

Alors la Fichet se leva et disparut sans qu'on eût eu le temps de la retenir. Malgré l'invitation du fermier, aucun des moissonneurs ne voulut chanter. Sa femme était vivement émue des paroles de la mendiante. Son instinct de mère lui donnait-il un de ces pressentiments que les femmes seules peuvent avoir quand il s'agit de leurs enfants, de leurs filles surtout ? C'est ce que je ne saurais dire : toujours est-il qu'à partir de ce moment la gaieté alla toujours en diminuant. Le neveu de Dagoneau nous l'ayant fait observer, le fermier lui fit cette réponse :

— Enfant! ne va pas croire que c'est aux discours de cette radoteuse qu'il faut attribuer ce que nous voyons. Nous sommes levés depuis une heure du matin, nous avons beaucoup travaillé, nos gens et nous sommes fatigués, ces gaillards là n'ont pas mal bu, et leur gaieté s'en va à mesure que le sommeil les talonne, voilà tout, demande plutôt à Gorju.

— Plaît-il notre maître?

— Je dis que tu as sommeil.

— Et les autres donc, mais ils n'osent pas le dire.

— Ils ont tort.

— Ben sûr qu'ils ont tort; tenez, je suis plus franc qu'eux, je tombe moi, ah!... Je... je... bâ... a... a... aille. Et il bâillait si bien que tout le monde fut pris du même besoin.

— En ce cas, dit la fermière, garçons, allez vous coucher.

En effet, nos moissonneurs en avaient besoin. Moi-même, peu habitué à me coucher aussi tard, je sentais, malgré tout le plaisir que m'avait causé cette soirée, mes paupières s'apesantir. La fête de la fin de la moisson devait, il est vrai, se prolonger toute la nuit; mais l'incident survenu et commenté d'une manière aussi imprévue par la Fichet, sa brusque sortie, et surtout la croyance générale de ces braves gens qu'elle était sorcière, avaient singulièrement amorti leur ardeur pour le divertissement nocturne qu'ils se promettaient. On pourrait bien à la rigueur mettre tout sur le compte de la fatigue, comme l'avait observé Dagoneau, mais le fermier avait bien vu que sa femme était frappée du pronostic de la Fichet. Quant à nos jeunes filles, joyeuses et insouciantes comme on l'est à leur âge, elles ne regrettaient qu'une chose, c'était de voir la résolution prise par leurs parents de ne pas prolonger cette soirée; mais habituées à obéir sans réflexions à toutes leurs volontés, qualité précieuse et bien rare chez la plupart des enfants d'aujourd'hui, elles prirent gaiement leur parti, et après les avoir embrassés, elles se retirèrent dans leur chambre. Peu à peu les moissonneurs s'en allèrent, et il ne resta plus que le fermier, son neveu, Jean Gorju, quelques valets qui demeuraient à la ferme, et moi. Ces derniers aidèrent Jean Gorju à débarrasser la table, tandis que celui-ci avait soin de vider les verres oubliés, puis ils sortirent.

— C'est égal, dit Gorju s'essuyant les lèvres avec le dos de sa main, rien ne m'ôtera de l'idée que cette vieille sorcière de Fichet s'entend avec le diable; les chiens auraient aboyé quand elle est entrée dans la cour, si elle ne les avait ensorcelés. Notre maître et notre maîtresse seront bien heureux, si elle n'a pas jeté un sort sur Bastienne.

— Va te coucher, gros *bêta*, lui dit le fermier.

— Ben le bonsoir, notre maître, fit Gorju; que le bon Dieu vous garde. Mais je vous le dis, c'est mon idée.... Disant cela, il sortit, gagna la grange, où il ne tarda pas à ronfler comme un bienheureux.

Je restai encore quelques instants avec mes hôtes, qui m'engagèrent à accepter un lit chez eux; mais leur ayant dit que je pouvais trouver la maison paternelle ouverte, ils n'insistèrent pas davantage. Je les remerciai de mon mieux de leur franche et cordiale hospitalité, et je pris congé d'eux non sans qu'ils m'eussent fait promettre de revenir les voir. Le neveu, qui m'avait introduit, me reconduisit jusqu'au chemin, où nous échangeâmes une poignée de main et un dernier bonsoir, et je partis. Hélas! il était écrit que je ne les reverrais jamais; peu après cette heureuse journée je quittai le pays; il y a trente ans que je n'ai pas entendu parler d'eux.

Il était minuit, un silence de désert rendait la campagne immobile; les fleurs et les plantes sauvages s'humectaient des gouttes légères de la rosée; tout reposait à cette heure si douce de la nuit, le disque argenté de la lune se détachait au milieu d'un léger brouillard, en répandant sa nappe de lumière blanche sur tous les objets qu'elle rencontrait. Il régnait autour de moi un calme profond, solennel; la brise de la montagne seule m'apportait, par bouffées, les parfums suaves du sureau et du chèvrefeuille des buissons. Tout en cheminant à travers les collines silencieuses, mes idées se reportèrent tout naturellement sur la soirée que je venais de passer. J'étais triste; sans doute la petite mésaventure de Bastienne y était pour quelque chose. J'avais toujours devant les yeux cette gracieuse figure d'ange; je ne pouvais m'arrêter à la pensée désolante que cette fleur si tendre, si pure, serait un jour trop tôt fanée. Je n'étais pas superstitieux, je ne croyais pas un mot des paroles de la Fichet; et pourtant je sentais mon cœur se serrer, j'étais ému, pourquoi? quel intérêt pouvait avoir pour moi cette famille, que je connaissais à peine? cette jeune fille, que je venais de voir pour la première fois? Quelle singulière machine que le cœur de l'homme! Elle semble être au service de tous les leviers que le hasard fait mettre en jeu à son insu, et devient ainsi la très humble servante des circonstances. D'où naissent nos idées, nos impressions, nos réflexions, nos jugements? Combien sont nombreux, variés, infinis, les marteaux qui mettent en vibration les cordes sensibles que produisent nos désirs, nos volontés, nos actes! Quelle est la main habile, délicate, mystérieuse, qui les met en mouvement malgré nous, et lors même que nous ne pouvons avoir la volonté ni de les faire naître, ni de les repousser? L'homme éveillé pense, celui qui dort rêve; étrange phénomène que cette impressionnabilité multiple des puissances pensantes de l'organisme humain! Voilà toute une réunion d'hommes que le travail brise sans les effrayer, sans rien leur faire perdre de leur courage, de leur force, de leur énergie, inquiète, troublée; toute leur joie évanouie, tous leurs plaisirs dissipés comme la fumée légère du cigarre que le vent disperse, pour une couronne qui tombe du front d'un enfant, des fourchettes en croix, une salière renversée, une vieille mendiante qui frappe l'air de vains mots inintelligibles pour eux.

La tête, toute remplie des pensées confuses que faisait naître la situation dans laquelle je me trouvais, je cheminais lentement sans m'arrêter à aucune. Insensiblement, mes idées se reportèrent sur le fermier et sa famille. Dagoneau était un des plus riches cultivateurs de la contrée; il devait la prospérité de sa ferme à un travail opiniâtre, joint à une sévérité d'économie domestique qu'on aurait pu taxer partout ailleurs de ladrerie, si l'on ne savait qu'à la campagne l'abondance du nécessaire est presque du luxe. Les besoins de la vie exigeant moins pour être satisfaits, entraînent moins de dépenses, et permettent plus facilement aux travailleurs de se procurer plus de douceurs relatives qu'à la ville. L'aisance de Dagoneau venait principalement de l'abondance de ses récoltes, et cette abondance il la devait au soin extrême qu'il avait, ainsi que sa famille, de tout utiliser chez lui. Tout y avait sa place, tout son monde y avait quelque chose à faire, et le moindre brin de paille y trouvait son emploi. Sa maxime était : « Que le travail a tout produit, et produit tout, et que l'économie est le premier bénéfice d'une maison. » Ces réflexions me conduisirent jusqu'à la porte de la maison paternelle sans presque m'en apercevoir. Je me hâtai de gagner ma chambre ; je me jetai sur mon lit, où le sommeil ne tarda pas à secouer sur moi tous ses pavots.

VIII.

LA VILLE NATALE.

Qu'ils sont loin de nous ces temps historiques ! ces temps de croyance pure, de religion, de poétique enthousiasme ! Alors le sol que foulaient nos aïeux offrait à leur pieuse admiration ces imposants édifices auprès desquels nos monuments modernes accusent si visiblement la décadence, et n'apparaissent que comme des témoignages d'impuissance. C'est à peine si dans l'enceinte des villes on retrouve, çà et là, quelques vestiges de l'art, cette gloire de notre passé. Poussés par le vil amour du lucre, les démolisseurs, expression vivante de l'égoïsme, n'ont-ils pas prêté partout le barbare secours de leurs marteaux, à l'œuvre de lente destruction qu'accomplissent les siècles qui se poussent? Ces vandales, dans leur aveugle fureur, ignoraient qu'au temps seul a été donné de construire l'avenir avec des ruines. N'y a-t-il donc plus de granit dans les entrailles de la terre? ou manque-t-il des bras pour l'extraire, qu'il vous faille balayer, comme une vaine poussière, le peu qui nous reste de tant de patience et de génie, pour puiser dans ces débris tout palpitants un peu de vie pour vos chefs-d'œuvre d'un jour?

Antique monastère, où l'homme ne vivait que pour apprendre à mourir! Basilique sainte dont les voûtes retentissaient des louanges du Seigneur! Vieux manoirs aux créneaux dentelés; monument bâti par des Titans! Chronique d'un passé digne de vénération, avant que la main du siècle démolisseur, plus sauvage que l'aquilon impétueux ou le fougueux ouragan des Antilles, n'ait abattu et roulé dans l'herbe la dernière de vos frêles colonnettes avec le dernier de vos audacieux arceaux, j'ai voulu, pélerin pieux, rendre hommage à vos ruines. Assez d'autres demandent des inspirations sous des cieux étrangers, pour moi, je préfère *le ciel* de *la patrie!*

L'aspect de Cluny est délicieux, tout annonce qu'il était consacré aux serviteurs de Dieu ! Tout y porte l'empreinte de la grandeur et de la force religieuse du moyen âge ! Que de poésie dans ces saints débris, témoins muets de tant de drames!... Mon âme rêveuse aime à revoir ces murs couverts de clématite, ces fenêtres longues et étroites où le framboisier étend sa verdure, cet unique clocher, et ces cloîtres déserts où l'on entendait nuit et jour le chant de la prière. Cluny! quelle douce émotion j'éprouve à la vue de ce lieu tant aimé! Combien sont vives et profondes les sympathies que tu réveilles dans mon cœur! Tu fus mon berceau et le témoin de mes premiers jeux. Enfant, je me roulais sur la poussière de tes promenades. Les belles et vertes allées de tes jardins virent les premiers jeux du printemps de ma vie. Combien de fois le bruit de tes marronniers n'a-t-il pas bercé mes illusions juvéniles de son murmure doux comme le chant d'une mère!... Dites-moi, mes vieux camarades où avons-nous fait l'école buissonnière? Vous souvenez-vous de ces vergers aux fruits vermeils, de ces tilleuls sous lesquels nous venions, le cœur palpitant, épier le passage d'un fantôme gracieux, d'une ombre aérienne et légère comme celle du sylphe! Rappelez-vous ces arbres plantés symétriquement autour du temple, portant audacieusement au ciel leur tête de verdure et de fleurs, fraîche et virginale couronne que le vent inclinait tour à tour devant la sainte basilique qui fut autrefois la pépinière et le rempart des sciences, à qui Rome demandait ses papes, les royaumes leurs souverains, qui pendant deux siècles fut le second boulevart de la chrétienté, et dont les lambeaux attestant la splendeur passée, font encore la richesse et la vie au milieu de ses cloîtres et de ses parvis déserts, tant de fois foulés par le pied des pontifes, des prêtres et des rois.

O! Cluny, Cluny! ta vue est pour moi comme la rosée bienfaisante qui rafraîchit la fleur qu'elle embrasse! Les émotions puissantes saisissent le cœur, ennoblissent l'âme, et leur douceur ne peut être égalée ni remplacée par celle que donnent toutes les vaines grandeurs de la terre! Par ta puissance magique, aujourd'hui encore mon cœur rempli d'émotions, et ma pensée mélancolique se reportent avec bonheur dans le passé délicieux de ma plus tendre jeunesse; tu es pour moi comme l'écho lointain d'un chant sur la montagne; ses accords pleins de tristesse font rêver en l'écoutant; vient-il à cesser, on l'écoute encore... Puis un douloureux regret vous saisit... Fraîches pensées de ces jours sans alarmes où vous retrouverai-je désormais! Ainsi, pauvre matelot, chaque minute t'emporte loin du rivage, le sable de la grève que foulait ton pied joyeux et insouciant disparaît à ton regard qui le redemande en vain. L'océan du monde balance sur son gouffre béant le frêle esquif, l'ouragan siffle, l'éclair fend la nue, voici la tempête!... Qui t'arrachera à ses fureurs? Quelle main puissante te conduira?... Sois ferme! La barre au vent! Que ton oreille soit sourde aux mugissements des vagues, aux craquements de la foudre; que ton œil ne se ferme point. Vogue, vogue toujours sans savoir, hélas! où tu dois relâcher!

Cluny, projetant ses souvenirs historiques, est une ville du moyen-âge avec ses maisons au style byzantin et ogival, ses arcs en plein cintre, ses légères colonnettes, ses chapiteaux sculptés avec luxe et richesse, ses rues étroites, tortueuses, mal pavées, ses murailles renversées, ses temples détruits, ses ruines accumulées, imposantes dans leur immensité. Ces jardins ravagés, ces arbres mutilés, cette enceinte désolée par le vandalisme brutal et aveugle d'une époque à jamais déplorable, c'est le noir squelette de l'antique abbaye dont un ministre du Seigneur a dévoré la chair et les os, et qui n'a plus à lever vers le ciel qu'un de ses clochers, comme un bras suppliant dans ses douleurs!... Sur tes nobles restes on croit encore entendre au milieu du silence des nuits une voix lugubre et menaçante qui crie : tes destructeurs sont maudits et abandonnés de Dieu! Ils sont pour les hommes un objet d'aversion et de mépris dont on détourne les yeux! Le moment viendra où la main vengeresse de l'éternel s'appesantira sur eux, à cause de leurs spoliations!... Et l'écho retentissant répète sur toute la terre : Cluny n'est plus qu'un lambeau souillé par la main de ses fils!... A ce cri douloureux, les mânes des grands hommes que tu as abrités répondent : Cluny n'est plus!...

Qu'elle était majestueuse cette demeure du roi des rois, cette basilique aux proportions gigantesques avec ses tours et ses flèches défiant la voûte azurée! Ses longs toits couverts en tuiles rouges, tandis que son intérieur était inondé d'une lumière capricieuse et fantastique, où l'âme éprouvait de douces émotions au son de l'orgue résonnant dans ces vides silencieux, et dont l'harmonie religieuse, invitant à la méditation, emportait les cœurs dans l'élan sublime d'une piété naïve et sainte vers celui qui aimait à visiter les hommes dans ces tabernacles dressés de leurs mains, où l'art et la délicatesse des ornements étaient poussés au point extrême de la science architecturale [1].

Le chœur présentait la plus pompeuse magnificence : six colonnes de dix mètres en marbre cipolin et pentélique, portaient une coupole du plus beau développement. Cette coupole était décorée d'une peinture unique en Europe. Les couleurs, mélangées avec l'eau d'œuf, suivant la manière byzantine, étaient si fraîches et si vives que le jour où je l'ai vu abattre, elle

---

[1] Assimilées aux métiers les plus vulgaires, la sculpture et la peinture n'échappèrent que peu à peu à la barbarie et au symbolisme qui les garrottaient. Ce n'est que vers le dixième siècle que la réalité se substitua à l'allégorie, et que les artistes osèrent peindre la divinité sous des formes humaines. Du dixième au onzième siècle, l'art du bas-empire se développa, se formula, et se répandit insensiblement dans l'occident, par suite de l'émigration des artistes byzantins, des relations commerciales qu'entretenait Venise, et des croisades qui répandirent des reliquaires émaillés, des châssis ouvragés et des madones byzantines. Les traditions des arts continuèrent à se propager jusqu'à la fin du treizième siècle.

Ainsi, nous classons la peinture du chœur de l'abbaye de

me semblait sortir du pinceau de l'artiste. Elle représentait le Christ, vêtu de bleu et de rouge, assis sur des nuages, ayant une main posée sur l'Apocalypse, tandis que de l'autre il montrait le ciel, siége de la toute puissance divine; les sept sceaux groupaient l'ouvrage de Jean, et les quatre points cardinaux du ciel étaient exprimés par le bœuf, le lion, l'aigle et l'homme, et formaient les angles qui se détachaient sur un fond d'or orné de losanges.

La ciselure de la pierre y était traitée avec une finesse infinie. Dans ces gerbes de colonnes jaillissantes, dans la forme ogivale de ces ar-

---

Cluny, dans l'époque bizantine et produite sous l'influence de ce style. On la reconnaissait aux proportions géométriques des figures, aux plis comptés et parallèles des draperies, surtout à l'absence de perspective des pieds et des genoux, qu'on représentait très ouverts et pointus, pour éviter la difficulté des raccourcis; aux yeux saillants, fendus, et retroussés à leur extrémité extérieure; aux sourcils arqués, au détail minutieux des cheveux. Ainsi la peinture de Cluny était un des produits les plus remarquables du douzième siècle. En lui assignant cette date, qui établit la filiation de l'art moderne, je prends le milieu de la période bizantine, parce que l'œuvre était alors pure de toute tendance, et que son exécution démontrait un art échappé à la barbarie des premiers essais, et qui était arrivé à son complet développement.

ceaux élancés, on croyait voir l'image des pins altiers, la courbure et le croisement des branches. On y comptait les nervures des feuilles. La matière y semblait flexible. On eût dit que le vent, en soufflant à travers les vides que le ciseau avait fouillés, soulevait les guirlandes qui s'enroulaient le long des piliers !... D'ici je promène douloureusement mes regards sur tes murailles naguère si florissantes, aujourd'hui couchées dans la poussière après avoir rempli la terre du bruit de ton nom, de tes richesses, de ta gloire, ô Cluny !.. Ta chute a retenti comme la voix du tonnerre sur l'immensité des mers. Tu n'es plus qu'une ombre du sanctuaire d'où tant de vœux se sont élevés vers Dieu ! d'où tant de consolations sont descendues sur nos familles ! c'est là que nos aïeules et nos mères ont prié, et qu'une chaîne sacrée les a liées à nos pères !..

Cluny, la ville sainte des Gaules, le second centre de la chrétienté, était le lieu le plus sacré après Rome, dont deux mille communautés étaient autant d'édifices accessoires à la superbe basilique Bourguignone, d'où s'élevait au milieu du chœur un Christ en vermeil avec une couronne d'or. A côté étaient deux statues de la Vierge : l'une, en or massif, portait l'enfant Jésus qui jouait avec une crécelle d'or, l'autre, en argent, était assise sur un escabeau porté par trois lions d'argent. Toutes deux étaient couvertes de perles et de rubis. Autour on voyait les statues en vermeil de saint Pierre, saint Paul, saint Jacques et saint André ; saint Benoît était supporté par quatre anges et quatre lions d'argent, saint Jean-Baptiste était en ivoire. Enfin les statues des abbés Odon et Odillon mitrés.

Les richesses entassées dans l'église étaient immenses. A côté des présents des rois, on y conservait ceux des Croisés et des Pélerins : c'était plus de deux mille châsses, d'un travail inestimable, éclatantes de saphirs, d'émeraudes, de perles, d'escarboucles et de rubis, renfermant les restes des saints les plus vénérés ; au milieu était l'urne qui contenait les cendres des apôtres Pierre et Paul, enlevées par un moine à la dévastation de la ville éternelle. Des bras, des encensoirs, des croix, des anneaux, des coffres, des candelabres, ainsi que la vaisselle étaient d'or, d'argent, d'ivoire, de jaspe, de cristal, aux formes incroyablement variées. Les bannières, les chappes, les aubes, les dalmatiques, les chasubles, les tuniques, étaient tissues de matières moelleuses, rares, et resplendissaient des couleurs les plus vives et les plus éclatantes, toutes parsemées de pierres précieuses aux dispositions bizarres et fantastiques.

Dans le trésor on gardait la verge avec laquelle Moïse fit jaillir l'eau dans le désert, la pierre sacrée où il s'était agenouillé sur le mont Sinaï, lorsqu'il reçut de Dieu les tables de la loi; la palme et la robe de pourpre que portait le Christ à son entrée à Jérusalem, l'éponge qui l'abreuva de fiel, une épine de sa couronne [1], un clou, un morceau de sa croix, la pierre sur laquelle son corps fut embaumé, le vase d'albâtre qui contenait les parfums avec lesquels Marie-Madeleine embauma ses pieds; enfin, un voile et

---

[1] Cette épine, donnée par saint Louis, existe encore à Cluny.

des cheveux de la Vierge, et une coupe dans laquelle elle avait bu.

Dans l'église on voyait une merveilleuse horloge, où étaient marqués, sur un immense calendrier perpétuel, les minutes, les heures, le jour, la semaine, le mois, l'année, les fêtes et les offices de chaque jour. Elle représentait les mouvements du soleil, les phases de la lune, les position, opposition et conjonction des astres. Chaque jour de la semaine avait sa représentation : c'était la Vierge, la Passion, la Mort, la Résurrection, la fête du Saint-Sacrement, saint Odillon, saint Hugues. A minuit, chaque représentation était remplacée par une autre. Les heures étaient annoncées par un coq qui chantait et battait des ailes ; en même temps un ange sortait par une porte et saluait la Vierge, le Saint-Esprit descendait sur sa tête, Dieu la bénissait au son harmonieux d'un carillon de mille petites clochettes et des mouvements fantastiques d'animaux de toute sorte qui agitaient leurs langues et leurs yeux. Aussitôt l'heure sonnée, toutes les figures rentraient dans l'intérieur de l'horloge.

A toutes ces richesses du temple Cluniso..., il faut ajouter les chefs-d'œuvre de l'intelligence humaine. C'étaient des livres de philosophie et d'histoire, des chroniques de tous les temps, des manuscrits de morale, de théologie, de controverses, de géographie, de médecine. On y conservait le premier livre de la *Genèse*, annoté par saint Augustin; un livre de prières écrit par saint Jérôme; le psautier de saint Jean-Chrysostôme, écrit en lettres d'or; un *Traité sur Dieu et ses perfections infinies*, par Pierre-le-Vénérable; le manuscrit dont se servit Alfred-le-Grand pour traduire l'*Histoire du prêtre Paul Orose*; des bibles et des missels imagés, fermés avec des agrafes d'or et d'argent, recouverts de riches étoffes et de pierres précieuses; et au milieu de ce trésor de la science, l'inappréciable manuscrit d'Alcuin : la *Vie de Charlemagne*!... De toutes ces reliques de la science, de toutes ces richesses, de toutes ces merveilles, il ne reste rien, absolument rien! Tout a été dispersé, anéanti par la cupidité, l'ignorance et l'ouragan des révolutions!

Ombres révélatrices de la grandeur passée de tant de chefs-d'œuvre élevés par la foi simple de nos pères, à votre vue mon cœur bat avec force sous le charme tout puissant des souvenirs. Ici les grandes illustrations qui se sont succédé à Cluny, semblent se dresser devant moi.

Voici venir Guillaume-le-Pieux, duc d'Aquitaine : il fonde en 910 l'abbaye de Cluny et la place sous la protection de saint Pierre et saint Paul. Bernon fut son premier abbé. Odon lui succède : véritable fondateur de l'ordre, il pose le principe de l'unité dans son gouvernement en réunissant sous son autorité tous les couvents qu'il fonda. Il meurt à Saint-Martin de Tours en 947, après avoir obtenu en faveur de Cluny cent quatre-vingt-huit chartes. Puis vint Maïeul, l'ami, le confident, le conseiller des rois et de la papauté.

Odillon étendit la suprématie de Cluny, en Espagne, en Italie, en Allemagne. Sa parole avait l'autorité d'une loi. C'était l'église dans l'église, s'étendant partout le monde dans la double voie de l'unité catholique et de la civilisation chrétienne; sa voix était puissante sur le siècle et la religion. Elle ne reconnaissait de limites que celles de la terre. — En 1025, Gaulenus, évêque de Mâcon, dénonce Odillon à l'archevêque de Lyon, son métropolitain, comme troublant l'état de l'église. Assigné devant le concile d'Anse, l'abbé de Cluny exhibe les bulles des papes qui déclarent les moines du couvent bourguignon exempts de la juridiction des évêques. Elles sont déclarées nulles. Odillon, fort de son droit, résiste. Menacé de nouveau par Gaultier, successeur de Gaulenus, Odillon se rend à pied au chapitre de Mâcon. A son entrée tous les chanoines et l'évêque se levèrent de leurs siéges pour faire honneur, pour rendre hommage à l'un des plus savants, à l'un des plus grands personnages de la chrétienté. Odillon se mit à genoux, et exprima à haute voix son repentir d'avoir désobéi à sa mère, l'église de Mâcon. Trente-huit ans plus tard l'évêque de Mâcon était à son tour condamné à une pénitence de sept jours, au pain et à l'eau, pour avoir empiété sur les priviléges de Cluny.

En 1030, sous le règne du roi Robert, une peste terrible ravagea la France. La chair des malades semblait frappée par le feu, elle se détachait des os et tombait en pourriture. La foule couvrait les routes de Cluny. On se disputait l'entrée de l'abbaye où s'entassaient les cadavres. Bientôt l'infection pénétrant dans le cloître et la cité, y répand ses miasmes homicides; les prêtres, dans l'exercice de leur ministère, et les pélerins, mouraient sur les saintes reliques. A la peste se joignaient la guerre civile, la famine et les incendies. La profonde misère du peuple, la mauvaise culture, la dureté des grands de la terre envers les malheureux, expliquent ces terribles fléaux ; les riches sentirent ce que c'était que la faim!...... Les pauvres rongèrent les racines ; les forts saisissaient les faibles, les déchiraient, les rôtissaient, les mangeaient. Cette rage fut portée si loin que la bête des forêts était plus en sûreté que l'homme des cités. Près de Mâcon un misérable avait une chaumière où il égorgeait ceux qui lui venaient demander l'hospitalité. On trouva chez lui quarante-huit têtes d'hommes, de femmes et d'enfants, dont il avait fait manger les corps. A Tournus un boucher osa étaler et vendre publiquement de la chair humaine; il ne nia point son crime, et fut brûlé vif. Une femme alla pendant la nuit déterrer cette même chair humaine pour la manger; elle aussi fut brûlée vive pour cette profanation. Pour nourrir les malheureux on faisait du pain avec une terre blanche mêlée d'un peu de farine ou de son. Odillon vendit la couronne d'or qu'il avait reçue de l'empereur d'Allemagne, ainsi que les ornements de l'abbaye de Cluny pour nourrir les pauvres. — Odillon fut l'apôtre de *la trêve de Dieu* qu'il prêcha le premier dans l'assemblée de Bourges en 1041; cette même année Casimir, fils du roi de Pologne Miceslas II, moine de Cluny, reçoit des ambassadeurs qui le saluent roi. Odillon refuse de le rendre à la Pologne, le pape Benoit IX le relève de ses vœux, il quitte Cluny, et pose sur sa tête la couronne polonaise. — Odillon institue à Cluny la fête des morts. L'église universelle l'adopte. — Sous Odillon, le moine de Cluny Radulphus Graber écrit l'histoire des temps obscurs.

Sous Hugues, *l'Abbé des abbés*, le rôle de Cluny est immense dans le plateau de la balance politique et religieuse de l'Europe. Il commande à plus de dix mille moines ; un seul chapitre en réunit trois mille à Cluny. — En 1088, au mois de septembre, Hugues jette les fondations de la grande basilique et de l'église Notre-Dame. Il envoie à Rome deux moines ; ils se succèdent au trône pontifical sous les noms d'Urbain II et de Pascal II. Déjà Cluny avait fourni le pape Grégoire VII, célèbre par ses démêlés avec l'empereur Henri IV : jamais pape ne fut aussi puissant. Plus tard elle a encore fourni le pape Urbain V, le plus éminent des papes français. — Hugues substitua en Espagne le rit romain au rit mozarabique.

En 1119, le pape Gélase II meurt à Cluny. Par les soins de Pontius de Melgueil, abbé de

Cluny, l'archevêque de Vienne est élu pape dans cette abbaye sous le nom de Callixte II. Ce pape reconnaît aussitôt le droit aux abbés de Cluny de battre monnaie. — Pontius se plonge dans la débauche, il va à Rome, se démet de ses fonctions d'abbé de Cluny entre les mains de Callixte. Pontius revient à Cluny avec une troupe de bandits, il brise les portes du monastère, s'empare des croix, des candelabres, des encensoirs d'or et d'argent; les vases sacrés, les châsses des saints, rien n'est épargné. Pontius est frappé d'excommunication; sa troupe le quitte, il est arrêté, on le renferme à Rome dans la tour des Sept-Salles. Un mois après il était mort *du mal romain!...* Ainsi un grand de la terre, un prince de l'église, un abbé, souverain de Cluny, commence le pillage et la destruction des choses saintes, qui plus tard devaient être achevés par un prêtre obscur et vénal.

La prospérité de Cluny est à son apogée sous Pierre-le-Vénérable. — Abailard se fait moine de Cluny. Le malheureux philosophe, mutilé par l'ordre d'un chanoine de Paris, persécuté par les moines de Saint-Denis, presque assassiné par ceux de Rhuis en Bretagne, noirci par saint Bernard et les théologiens, traîné comme hérétique devant plusieurs conciles, soupirait après une retraite parmi les Mahométans. Il trouve le repos à Cluny ; il meurt en 1142. — Pierre-le-Vénérable promet de protéger Astralabe, fils d'Héloïse et d'Abailard. — Pierre fonde des couvents dans la vallée de Josaphat, sur le mont Thabor et jusque dans Constantinople. — Orderic Vital, moine de Cluny, écrit l'histoire de son époque.

Odon, Maïeul, Odillon, Hugues et Pierre ne furent pas seulement de saints prêtres, des prédicateurs inspirés, des écrivains savants, ils furent aussi des grands hommes et de profonds politiques que Cluny s'enorgueillit d'avoir eus pour chefs !

Avec Pierre finit la splendeur de Cluny, elle décline de jour en jour en devenant la pâture des grandes familles qui la dévorent jusqu'à la moelle.

En 1159, Théobald fait construire les murs de Cluny, défendue par huit portes et quinze tours : ce fut la consécration de la souveraineté des abbés. — Hugues de Clermont rend un décret pour faire chanter à l'octave de la Pentecôte l'hymne du *Veni Creator*; l'église universelle l'adopte.

En 1245 eut lieu le fait historique le plus merveilleux du treizième siècle : le pape Innocent IV, deux patriarches, douze cardinaux, des archevêques, des évêques, des abbés noirs et blancs et toutes leurs maisons arrivèrent à Cluny Saint Louis, roi de France, sa mère, son frère, sa sœur, l'empereur de Constantinople, les fils des rois d'Aragon et de Castille, le duc de Bourgogne, des princes, des ducs, des comtes, des seigneurs et une multitude infinie de chevaliers composaient cette illustre réunion qui retentit au loin en Europe et en Asie. A la suite de cette assemblée, le pape décora l'abbé de Cluny de la pourpre ecclésiastique.

A la réunion de Cluny, Innocent IV exhorte

saint Louis à aviser au moyen de garantir la chrétienté de l'invasion des armées asiatiques. A la voix du pape, l'Europe, comme arrachée de ses fondements, se précipite de tout son poids sur l'Asie. — Les croisades nous ont mis sur la voie de toutes les grandes découvertes. Dans ces nombreux pèlerinages à travers les civilisations byzantine et musulmane, il faut lire les chroniques du moyen âge pour y surprendre, dans la fleur de sa naïveté, l'étonnement qui frappa les croisés à leur entrée à Andrinople et à Byzance.

L'industrie, l'agriculture et les arts avaient aussi leurs croisades et leurs trophées. La reine Marguerite reçoit de Tripoli des étoffes qu'elle prit pour des reliques, elle se mit à genoux pour les recevoir. — On vit pour la première fois la canne à sucre sur le territoire de Tripoli; d'Afrique elle passe en Sicile, de là en Espagne et à Madère, d'où elle fut portée au Brésil et dans le reste de l'Amérique. Voilà le germe de ce grand commerce que depuis nous avons exploité dans l'Inde. — Roger II, roi de

Sicile, fit transporter d'Orient un grand nombre de métiers à soie en Europe. Le mûrier se multiplie en Italie, et cette utile conquête donne aux Siciliens la faculté de surpasser bientôt l'industrie des Grecs. — Les Vénitiens prennent à Tyr l'idée de leurs belles verreries, si célèbres au moyen âge. — Les croisades procurèrent à l'Europe la connaissance de quelques animaux d'Afrique et d'Asie. Saint Louis reçoit d'Egypte un éléphant dont il fit présent au roi d'Angleterre ; le roi de Sicile en reçoit une girafe. — Les pélerins nous apportent des plantes et des fleurs encore inconnues. Le maïs fut envoyé en Italie par Boniface de Montferrat, après la prise de Constantinople. Le duc d'Anjou nous apporte la prune de Damas. Il n'y a pas de chaumière en Europe qui ne connaisse les échalottes, qui tirent leur nom et leur origine d'Escalon. Dans toutes les contrées d'occident on retrouve ces productions exotiques que les traditions populaires font venir de l'Asie avec les croisés. — Rien ne favorisa les progrès de la navigation comme la communication qui s'ouvrit alors entre la Baltique et la Méditerranée, l'Océan et les mers du nord. En réunissant les peuples, elle multiplia leurs rapports, leurs liens, leurs intérêts. Ses connaissances pratiques s'étendirent. On détermina la configuration des côtes, la position des caps, des baies, des îles. On explora le fond de la mer. On observa la direction des vents, des courants, des marées. On s'éclaira sur tous les points de l'hydrographie. On rattache à la date des croisades l'invention de la boussole par les Français, par la preuve donnée par les Bénédictins qui ont fait remarquer des fleurs de lis sur les plus anciennes. L'architecture navale se perfectionna. On agrandit la forme des vaisseaux. L'art de dresser plusieurs mâts dans un même navire, de multiplier les voiles et de les disposer de manière à marcher contre le vent, fut l'heureux fruit de l'émulation qui animait alors les navigateurs. Ce sont là, à coup sûr, de grands résultats, et dont l'influence devait être et fut en effet considérable par les fruits qu'ils ont portés sur le sol français.

En 1269, Yves de Vergy fonde à Paris le fameux collége de Cluny achevé en 1308. Plus tard trois prélats bourguignons fondèrent le collége de Cambrai, aujourd'hui le collége de France. L'hôtel de Cluny, rue des Mathurins, est aujourd'hui un musée d'antiquités céramiques du moyen âge.

Jean de Bourbon fait construire le palais Abbatial; Jacques d'Amboise l'achève; les Guises y mettent la dernière main. C'est un manoir des plus élégants qui aient survécu à la tempête révolutionnaire. On le voit se dresser pittoresquement au milieu des arbres et des fleurs; la verdure qui l'environne ajoute un nouveau charme à son aspect antique; les ornements extérieurs, en albâtre, offrent une exquise délicatesse, un merveilleux mélange de l'art gothique et arabe. C'est quelque chose d'aérien, qui rappelle à la fois les sveltes arceaux des abbayes et les riches broderies de l'Alhambra. C'est un des restes les plus poétiques d'une époque pleine de poésie, le plus noble débris de cette vieille cité qui s'en va, heure par heure, sous le marteau des hommes et du temps, et qui semble abandonnée de Dieu!

Le palais Abbatial, meublé avec un goût exquis, est au-dessus de tout éloge; il appartient à M. Ochier, médecin à Cluny, qui en fait noblement les honneurs. Heureux donc celui qui possède ce vieux manoir! plus heureux encore ceux qui le posséderont plus tard. La fortune, c'est quelque chose; mais la bienfaisance, la vertu, sont plus encore; et c'est par elles surtout que l'heureux possesseur du palais clunisois mérite de vivre dans la mémoire de ses compatriotes.

Jean Germain est l'homme de lettres le plus remarquable qui naquit à Cluny. Il fut tour à tour évêque de Nevers, de Châlon-sur-Saône, député de Philippe, duc de Bourgogne, à Rome et au concile de Bâle, et chancelier de la Toison d'Or. Enfant du peuple, pour ne pas oublier le souvenir de son origine, il se fit peindre sur les vitraux de l'église de Saint-Maïeul de Cluny, présentant à genoux un chaperon rouge à sa mère, qui garde des pourceaux. La ville de Lyon possède dans sa bibliothèque l'unique manuscrit de Jean Germain. Ce beau volume, in-4° sur vélin, a pour titre *Mappemonde spirituelle*. Le frontispice représente Jean Germain, évêque ; il offre, à genoux, son livre à Philippe de Bourgogne ; ce souverain, revêtu de la pourpre, et décoré de l'ordre de la Toison d'Or, qu'il institua, est assis sur le seuil d'un palais gothique. Jean Germain est mort le 2 février 1460.

En 1562, les réformés s'emparent de Cluny, les portes de l'abbaye sont enfoncées, le Christ brisé à coups de bâton, la Vierge mutilée à coups de fusil ; les autels furent renversés, les tableaux mis en pièces, les reliquaires, les châsses d'or et d'argent, les papiers, les titres, les bulles, furent dispersés ou brûlés. En 1570, l'amiral de Coligny et le prince de Condé marchent sur Cluny. L'armée des protestants, forte de deux mille hommes, commandée par le capitaine Braquemaud, est campée sous les murs de Cluny. Combat singulier, dans la plaine de Mont-Odon, entre trois Clunisois et trois soldats de Braquemaud. La victoire reste aux braves et valeureux enfants de Cluny. En 1589, les habitants de Cluny prêtent serment à la ligue triomphante.

En 1683, Emmanuel-Théodore de la Tour-d'Auvergne, cardinal de Bouillon, neveu du grand Turenne, est nommé abbé de Cluny. Ambassadeur au conclave, l'abbé de Cluny avait une pompe royale; il était suivi par vingt-huit carrosses à ses livrées. La nuit, dans les rues de Rome, il était escorté par vingt-quatre pages, et soixante valets de pied portant des flambeaux où brûlaient de la cire blanche. — Cluny possédait le cœur de Turenne; en 1818, l'administration municipale cède cette précieuse relique de la gloire française au comte de la Tour-d'Auvergne-Lauragais.

En 1759, naît à Cluny, d'un estimable artisan, P.-P. Prudhon, l'un des peintres qui ont fait le plus d'honneur à l'école française. La postérité, juste à son égard, a marqué sa place à côté du Corrége et du Poussin. Honneur donc à toi, illustration de Cluny, que tes mânes soient satisfaites ; tu as légué à ton pays ton *Zéphir* et ta *Justice divine persécutant le crime*, chefs-d'œuvre qui rendent ton nom immortel !

En 1788 eut lieu à Cluny son dernier chapitre. Ici un voile lugubre s'étend sur cette cité, et ma plume s'arrête !. . . . .
. . . .

Ruines imposantes, qui n'étalez plus à mes regards attristés que les profondes blessures du siècle démolisseur, combien votre langage mystérieux jette de trouble dans mon âme ; et pourtant combien vous êtes plus éloquentes pour moi avec les lambeaux pendants et souillés de vos splendeurs éteintes, que cent fois vous ne le fûtes pour mes aïeux dans tout l'éclat de vos beautés primitives ! Oh ! c'est que ce cri de la pierre, que le vent fait trembler sur son assise ébranlée, est celui de ces hommes grands et forts qui feront toujours la gloire d'un passé sans retour, mais dont le souvenir est encore vivace au cœur de qui a foi dans la puissance de l'humanité soutenue par le pouvoir et la force d'en haut. C'est que du milieu de ces ruines, couvertes de lierre et de graminées, restes palpitants d'une croyance qui sommeille et menace de s'éteindre, cette voix nous crie de la ranimer, pour la faire revivre plus forte dans nos consciences avec *des formes nouvelles*; car les ruines sont les semences de vie que la main du temps laisse à celle de l'homme le soin de faire fructifier, selon l'ordre de succession progressive de sa puissance morale et religieuse. Tous les pas de cette puissance sont marqués par des ruines qui sont l'histoire de l'homme ; mais sur chacun, comme dans chacun de ces débris, les germes inaltérables de sa progression sont conservés par les générations futures qui, un jour, les retrouveront dans celles que nous laisserons à notre tour. *Tout l'avenir de l'humanité est dans son passé.* Elle ne marche à la perfection qu'en revenant sans cesse à son point de départ, qui est aussi sa fin. Elle pivote sur un principe unique, fixe, invariable, duquel découle tout ce qui constitue sa vie morale comme sa vie physique, Dieu!... Dieu, qui lui a préparé sa voie, qui l'a placée sur cette voie avec la conscience des devoirs qui l'y maintiennent! Dieu, qui permet quelquefois que les hommes s'en écartent, mais qui force par le secret impénétrable de sa providence ces mêmes hommes égarés à revenir toujours à lui, pour marcher plus sûrement à lui, seul but, seul centre de tout.

Enfin, rappelons-nous que, persécutée par les Vandales, la science fut se réfugier dans le silence des cloîtres d'où elle sortit ensuite pour répandre son éclat et ses lumières sur ceux qui l'admiraient. Puis la pensée se reporte à l'époque où ces lieux étaient animés de la vie de leurs pieux habitants, où la porte gothique s'ouvrait chaque soir pour offrir une généreuse hospitalité aux voyageurs; où les moines tout en visitant les malades et les affligés versaient dans leurs cœurs le baume de la consolation; où l'idée de Dieu planait au dessus des actions des hommes, où la foi était profonde et vive, où Dieu!... mot sublime, résumait, embrassait tout : temps, espace, éternité, infini, perfection absolue ! Oh ! le cœur se serre de douleur au souvenir de ces grandes choses oubliées !

Que ne puis-je, brûlant d'enthousiasme, communiquer à mes concitoyens ce que j'éprouve en présence de ces lambeaux poétiques nés des besoins du moyen âge, pour éclairer les populations et les guider dans les voies d'une humaine et religieuse civilisation ! C'était la pensée, c'était l'homme devant Dieu, c'était la forme de tout ce qu'il nous est donné de concevoir et de produire, en beauté, grandeur, magnificence, perfection. Enfant, que de fois dans ce lieu j'ai éprouvé de ces sensations puissantes qui électrisent l'âme ! mon œil alors se mouillait de larmes, et mon cœur y recevait de ces impressions que les vaines grandeurs de la terre ne peuvent ni donner ni effacer !

Jamais l'air n'était entré si pur dans ma poitrine qui s'agrandissait. — Pourquoi ? — C'est que j'étais à Cluny !... Cluny, qui avait vu mes premières années, Cluny, dont j'avais tant de fois foulé d'un pied joyeux, et insouciant enfant, les pavés de son temple, où sont marqués les pas de toutes les grandeurs humaines dont les hauts faits traverseront l'océan des siècles, pour redire à la postérité ses beaux jours, sa splendeur et sa gloire? Que dire de toutes les émotions qui m'assaillirent à la vue de ces murs d'où semblaient sortir des voix du passé? de ces champs, de ces forêts, où naissent les fleurs qui font doucement rêver l'âme? de ces jardins aux carrés symétriquement alignés, de ces longs cloîtres, témoins muets des grandes épopées du moyen âge, dont chaque dalle cache une tradition, où tant de fois je me suis promené oublieux du *pensum* ?... Puis comment peindre les transports de mon âme en franchissant la porte de la maison natale; ces élans qui me poussèrent dans les bras de ma mère?... Oh! les *exprime* qui pourra !... c'était à mourir de bonheur ! Je retrouvais près d'elle le seul plaisir qui nous soit donné sur cette terre! Je jouissais de toutes les joies intimes du foyer domestique, sans soucis, sans inquiétude ; j'étais heureux de cette félicité sans mélange que donne la vue de celle dont la sollicitude constante veille toujours sur nous, partage nos douleurs et les adoucit, de celle que toutes les affections ne peuvent remplacer. Hélas que ne pouvais-je demeurer là à toujours ! passer ma vie à côté d'elle !... *Dieu ne l'a pas voulu*....

Vingt jours à peine s'étaient écoulés que le brouillard de plomb qu'on nomme de l'air, pesait sur ma poitrine. J'étais à Paris où s'accomplit la rude tâche de l'écrivain, du penseur et du philosophe, Paris dont le foyer éclaire, mais brûle et dessèche la vie aux sources les plus fécondes.

MÉLANGES

LITTÉRAIRES.

LETTRE A SOSTHENE

SUR PARIS.

Je conçois, monsieur, votre indécision au moment de vous séparer de votre fils en l'envoyant à Paris, ce centre de lumières et de civilisation, où les sciences et les arts brillent d'un si vif éclat. Vous pensez, et peut-être avec raison, que son esprit, déjà si bien disposé par de bonnes études, a besoin du feu vivifiant de ce foyer pour parvenir à cette heureuse maturité qui fait le véritable savant. Sans doute, monsieur, quelque rare que soit ce phénomène de nos jours, il se rencontre encore parfois, et je souhaiterais bien vivement que votre fils en fût bientôt une nouvelle preuve. Mais, hélas! combien est petit le nombre de ces élus qui peuvent reporter sous le toit paternel, avec la science acquise, tous ces trésors de simplicité, d'innocence et de vertus qui sont ordinairement leur apanage, et que la plupart dépouillent si vite, au souffle empoisonné du sarcasme qui traite toutes ces choses saintes de naïveté et de gaucherie provinciales! Ce qu'un jeune homme apprend le plus vite ici, c'est l'oubli de tout ce qu'il était, pour se façonner sur les modèles qu'un hasard jette trop souvent sur ses pas. A peine au bout de quelques mois, de quelques jours, se souvient-il qu'il a une famille, une mère que son éloignement attriste, et qui ne soupire qu'après son retour; ou s'il s'en souvient, ce n'est que pour lui imposer de nouveaux sacrifices. Mais je veux que votre fils reste ce que je le suppose, un brave et loyal jeune homme, plein du désir de s'instruire et impatient de regagner ses pénates avec la riche moisson qu'il se propose de faire dans notre capitale; quelle force d'âme ne lui faudra-t-il pas pour résister aux séductions de tout genre qui vont l'environner, quand, libre enfin, loin de vous, de vos avis, des bons conseils de sa mère, livré à lui-même sans autre guide que son inexpérience, il sera venu grossir le nombre de ces jeunes gens qui pullulent dans nos écoles! Croyez-vous qu'il lui sera bien facile de se roidir contre les exemples qu'il aura constamment sous les yeux? de braver ce quasi ridicule qui s'attache à tous ceux *qui ne font pas comme les autres?* Hélas! monsieur, nous vivons dans un temps où il est plus difficile qu'on ne pense de devenir un homme utile pour ses semblables. Le torrent d'idées nouvelles, fécondes ou dévastatrices, entraîne avec lui toutes les jeunes intelligences, sans qu'elles puissent démêler de quel côté se trouve la vérité. Le dévergondage des idées accompagne celui des mœurs. Ils marchent, ils progressent avec tant d'ensemble qu'il est impossible de nier que l'un ne soit pas la conséquence inévitable de l'autre, et de fixer un terme à ce chaos d'où doit jaillir la vraie lumière, comme disent nos penseurs. Y a-t-il, comme on l'insinue, quelque chose de providentiel dans ce mouvement tumultueux des esprits qui les emporte dans les sphères d'une idéalité de perfection indéfinie, et qui fait de l'intelligence un nouveau *Juif errant* condamné à marcher toujours, sans lui laisser voir de terme à cette marche continuelle, dans cet état d'agitation fébrile qui remue toutes les existences, les déplace, les jette brusquement en dehors des anciennes limites, et les rend semblables à ces eaux qui, ayant perdu un moment leur niveau, se répandent en portant partout la dévastation, jusqu'à ce qu'elles soient rentrées dans leur lit? En un mot, est-ce la Providence qui lutte contre l'étroitesse actuelle de l'esprit humain pour lui imposer ses nouvelles destinées, ses nouvelles formes? ou bien n'est-ce pas tout simplement l'orgueil insatiable, la vanité outrecuidante de certains réformateurs inintelligibles, qui veut lutter à tort et à travers contre la société actuelle assez bien établie, du reste, reposant sur des bases assez solides, je crois, pour ne pas être renversées de sitôt sous les avalanches de leurs billevesées psychologiques? Je m'arrête d'autant plus volontiers à cette dernière supposition que tout, jusqu'à présent, démontre l'insuffisance des moyens de reconstruction de nos démolisseurs, semblables à ces bandes noires qui jetaient bas les châteaux et les monuments du culte et de la foi de nos pères, s'enrichissaient des décombres, sans songer à les employer autrement qu'à les fondre en écus; braves gens qui criaient contre l'aristocratie du donjon, et savaient s'en faire une mille fois plus écrasante, plus honteuse, à l'aide de la pioche et du marteau, *celle de l'argent!* Quoi qu'il en soit, c'est au milieu de ce bouillonnement de toutes les idées bonnes ou mauvaises, de tous les vices brillants ou honteux, de toutes les intrigues, de toutes les turpitudes, de toutes les bassesses qui poussent et élèvent vite un homme dans notre siècle, que vous allez jeter votre fils avec ses vingt ans, son âme d'enfant d'autant plus facile à toutes les impressions, qu'elle est neuve, et ardente. Il va venir avec son désir d'apprendre et son inexpérience sur le choix des études et des moyens de s'y faire un nom, objet de toutes vos espérances! C'est dans ce centre de lumières et d'ignorance crasse, de civilisation et de barbarie brutale, d'égoïsme cynique, d'astuce et de perfidies, de vérité timide et de mensonge effronté, dans cette Babel où sont confondus le bien et le mal, que vous voulez lancer ce frêle roseau que le toit paternel a jusqu'ici abrité contre tous les orages qui vont se déchaîner contre lui, sans autre protecteur que sa mémoire pour lui rappeler vos sages leçons, vos conseils que vous ne pourrez plus lui adresser que par la poste, sans autre guide, hélas! que la plus faible partie de lui-même, son cœur pur encore !.. Sur un si frêle esquif, ne craignez-vous pas la tempête quand vous savez qu'il s'embarque sur une mer orageuse? Laissez-moi donc vous dire les dangers qu'il va courir : ils sont grands, et plaise au ciel qu'il fasse une heureuse traversée, au milieu de tous ces écueils qui demandent un pilote habile!

Remarquez avec moi que l'inquiétude naturelle à tous les jeunes esprits fait penser à la plupart qu'il y a quelque chose au delà de la possibilité, de la réalité ordinaire, et que ce quelque chose d'abstrait, d'indéfini, d'insaisissable pour le vulgaire, constitue le comble de la perfection à laquelle atteignent quelques génies exceptionnels. Partant de cette idée, juste jusqu'à un certain point, ils reculent la limite au-delà même du point d'arrêt de ces exceptions brillantes, et marchent ainsi au hasard vers ce but fantastique. De là, tant de fausses routes tracées avec une persévérance digne d'un meilleur objet! De cet insatiable désir d'inconnu, naissent toutes les divagations, tous les sophismes, toutes les sublimités paradoxales de l'école moderne; école où aboutissent tant de travaux inutiles pour la société, quand ils ne sont pas dangereux, ce qui est malheureusement trop fréquent. D'abord, ne m'accusez pas d'être un pessimiste quand même. Loin de moi la pensée d'attaquer le vrai mérite, de confondre dans un même anathème tous les hommes et toutes choses ! Dieu merci, aussi corrompu que soit notre siècle, nous avons encore des hommes d'élite dont les vertus solides rehaussent le mérite réel ; gens au cœur droit, à l'intelligence supérieure, au jugement mûri par une longue expérience ; phares précieux pour la jeunesse, mais trop souvent obscurcis par le faux éclat d'une quasi science, habilement bavarde, plus subtile que solide, plus superficielle que profonde ; science toute en vogue de nos jours, où l'on veut tout savoir vite, et qui seule obtient les honneurs d'une célébrité éphémère comme elle, mais qui n'en séduit pas moins la foule, l'entraîne dans le tourbillon de ses divagations, et égare ceux-là principalement que leur jeune âge et leur inexpérience rendent plus accessibles à ses mensonges brillants.

Nos jeunes gens, très relâchés dans leurs mœurs, à Paris surtout, loin de toute surveillance, pouvant donner un libre cours à leurs passions, étudient mal, effleurent tout, n'approfondissent rien. Ils négligent la spécialité où ils pourraient trouver des succès, pour embrasser des généralités où ils courent grand risque d'être médiocres. Beaucoup de raisonneurs, peu de penseurs sortent de nos écoles. Nos étudiants oublient que les plus grands génies, ceux qui se sont le plus illustrés, sont ceux-là qui ont apporté une patience robuste, opiniâtre, dans leurs études, soit que, philosophes, ils se soient élevés dans les hautes régions de la pensée; soit que, littérateurs ou artistes, ils aient cherché leurs inspirations dans les modèles sublimes de la nature. *Le génie, c'est aussi la patience!...* Le siècle de Louis XIV atteste cette vérité. Est-ce à dire que les grands maîtres ont épuisé toute la matière, et que nous soyons réduits à n'être que des copistes serviles ou de froids imitateurs de leurs œuvres, sous peine de tomber dans les excès justement reprochés de nos jours? Non, mille fois non! Le champ est assez vaste pour fournir encore de riches et abondantes moissons, sans que nous soyons contraints à remanier tout ce qu'ils ont touché, à retourner toutes les idées, à les tordre pour en faire jaillir quelque chose de neuf, d'imprévu. Soyez assuré, monsieur, que toutes ces prétendues nouvelles faces, sous lesquelles on nous les montre aujourd'hui, ont été à dessein rejetées par ces auteurs, qui n'avaient pour but, en cultivant les lettres, que d'éclairer et d'instruire, et non d'incendier quelques imaginations, de porter le doute partout, de lancer le sarcasme sur tout, et de saper ainsi la société dans sa base, la morale privée, d'où découle la morale publique.

Mais quel rapprochement à faire entre le siècle de Louis XIV et le nôtre ! Les auteurs d'alors se payaient de la gloire !!! Ceux d'aujourd'hui n'ambitionnent que des succès *d'argent*. Du temple des arts, des sciences et des lettres, ils ont fait un marché, une caverne de voleurs, où la coterie égoïste taxe et prélève les droits, vend et achète, brocante, en un mot, sur tout le domaine de la pensée. Le plagiat s'y fait avec impudeur, et les grands faiseurs y escomptent l'esprit d'autrui à leur profit. La douane littéraire ne laisse passer sur ses terres que quiconque a payé la taxe, ou qui consent à faire remise à ces forbans aussi incapables qu'avides.

Prenez, au hasard, un de ces livres tant vantés par nos faiseurs d'éloges, marchands d'apothéoses littéraires à tant la ligne; trouvez-m'en un où la religion et la morale ne soient pas indignement sacrifiées à la manie du paradoxe? Partout on retrouve ce génie de destruction, cachet du siècle présent, qui brise sans pitié, sans souci de son œuvre, tout ce qui gêne son allure furibonde. Pense-t-il à reconstruire, en accumulant les ruines autour de soi? Comment le pourrait-il, quand son premier, son unique soin est d'éteindre dans toutes les consciences le flambeau de la foi religieuse, sans lequel il n'y a point de lien social possible? Il est facile de prévoir ce qu'il adviendrait si cette lèpre n'était bientôt extirpée par le bon sens public. La société devrait périr, après s'être épuisée dans l'agonie inquiète d'un scepticisme impuissant.

Déjà, tout le monde le voit, nous avons des philosophes, et point de philosophie! des moralistes, et point de morale!... ou plutôt nous avons autant de morales qu'il plaît à chaque idéologue d'en créer. La vraie, la seule morale languit obscure au fond de quelques consciences inconnues. La société, remuée dans ses fondements, réclame ses vrais principes, ses croyances, sa vieille foi, qui sanctifiait tous ses devoirs et fixait le bonheur au foyer domestique. Que lui donne-t-on en échange de tout ce qu'on lui ravit?... *Une parodie de l'Évangile!...* Des apôtres menteurs d'un Messie créé à leur image vont partout colportant leur panacée universelle, et loin de se ranimer, de se revivifier à leur parole mystico-philosophique, elle s'agite plus que jamais au milieu de leur pharmacopée impie et ridicule tout à la fois. Où sont les grands écrivains? les grands artistes? Notre pauvre littérature se traîne, prostituée, dans tous les égouts; notre théâtre, qui devrait être le correcteur des mœurs par excellence, n'est plus qu'une école de scandale où l'obscène le dispute à l'absurde. Libre jusqu'à la licence, il ne livre plus aux regards des spectateurs que des œuvres bâtardes, empreintes de ce cachet d'exagération qui sacrifie tout à la manie dominante de faire de l'imprévu, de l'hyperbolique. Quelles leçons nos jeunes gens peuvent-ils y prendre? quelle idée peuvent-ils se faire du monde au milieu duquel ils sont appelés à vivre, d'après ce miroir qui ne reflète que des vices grossiers, déchaînés contre toutes nos institutions, même les plus saintes, que des tableaux monstrueux de personnages agités de passions surhumaines, qui se tordent, grimacent et hurlent de mauvaise prose et de plus mauvais vers encore, pour la plus grande gloire des novateurs et le plus grand détriment du bon goût et de la morale publique? Sérieusement, avons-nous aujourd'hui une littérature? peut-on donner ce nom à toutes ces productions monstrueuses que vomissent douze ou quinze individus qui n'ont pas honte de ressusciter l'infâme doctrine du marquis de Sade, sous le prétexte absurde de réhabiliter la matière, d'émanciper la femme? Appellerons-nous littéraires les productions équivoques de nos basbleus, dont l'impur gynécée jette sur les bancs de nos cours d'assises tant d'épouses adultères... et peuplent les prisons de Maries Capelles? Sont-ce des littérateurs ces hommes à réputations usurpées, ces panégyristes de la morale des bagnes, ces coryphées de dépravation, qui écrivaient, qui préconisaient *Vautrin* pour justifier les Lacenaire et les Peytel!!!... Le marquis de Sade *expia ses crimes en mourant à Bicêtre! Ce fut bien fait! Vous, qui n'avez pas honte de continuer son œuvre, quel sort croyez-vous mériter!!!...*

Aussi rapidement tracé que soit ce tableau, vous devez bien pressentir l'influence qu'il doit exercer sur votre fils. Si l'on m'objectait que tout ceci est indifférent pour ceux qui ne viennent à Paris que pour étudier les sciences exactes, qui de leur nature n'ont rien à démêler avec les travaux ou les jeux de l'esprit, je répondrais qu'effectivement les sciences exactes ont cet heureux privilége que l'absurde y est bientôt mis à l'index par l'expérience, mais qu'il n'en est pas moins vrai que l'homme moral subit les influences des milieux moraux dans lesquels il vit ; que si l'homme le plus robuste se sent mal à l'aise dans une atmosphère viciée, à plus forte raison un jeune cœur, que tout impressionne pour la première fois, et sur lequel l'action délétère de cette atmosphère est d'autant plus puissante, que ce jeune cœur offre moins de réaction.

La question n'est point dans la spécialité des études à faire ; elle est tout entière dans les conditions morales de l'esprit pour étudier n'importe quelle branche de la science. Elle est dans le lieu où ces études doivent se faire, ce lieu considéré comme milieu où l'homme et son intelligence doivent se mouvoir momentanément pour s'y développer. L'étudiant dépend de l'homme ; en d'autres termes, on ne peut admettre qu'un homme livré à des préoccupations étrangères aux études qu'il veut embrasser, puisse le faire d'une manière fructueuse. Les sciences sont de leur nature despotiques ;

elles veulent être vigoureusement attaquées, violentées même !... Il est évident qu'il n'en sera ainsi que de la part des esprits les plus robustes, et que seuls ils auront l'heureux privilége d'y exceller. Le calme de l'esprit et du cœur sont les deux conditions les plus essentielles. On ne les trouvera réunies que chez ceux qui n'ont pas encore été entraînés par le feu des mauvaises passions, et qui ont le jugement assez solide pour ne pas se laisser séduire par l'erreur. Sous ce rapport, s'il est vrai que Paris offre le plus de ressources au développement des puissances pensantes, on ne peut disconvenir non plus qu'il ne renferme également tout ce qui est propre à détourner ces puissances de leur véritable action, de leur véritable but.

S'il est une vérité bien démontrée, éclatante même pour le plus épais bon sens, c'est que notre siècle est essentiellement matérialiste, et que la morale des intérêts matériels subordonne tout au progrès du bien-être individuel; le vice même peut y être considéré comme vertu s'il peut concourir à l'accroissement de ce bien-être. Déduisez vous-même les conséquences d'un tel état de choses. Elles sont affreuses.

Le moindre inconvénient sera de tempérer considérablement cette ardeur pour l'étude qu'apportent nos jeunes provinciaux; petit à petit leur esprit, inquiet d'abord, s'affermira dans le sentier que l'erreur ouvre partout devant eux. Bientôt leurs convictions sur le vrai, battues en brèche par les exemples répétés qu'ils auront sous les yeux, s'écrouleront pour ne laisser à leur place que cette inquiétude turbulente à laquelle il est impossible de soustraire tout à coup une âme trop tôt vide, une jeunesse déflorée avant le temps, dont le désillusionnement précoce tue toute énergie, toute vitalité intellectuelle, et dont la conséquence est souvent le suicide, fléau épidémique de nos jours, qui emporte tous ceux qui n'ont pas l'odieux courage d'avancer plus avant dans la corruption, d'ossifier leur cœur à l'aide d'un égoïsme froid et raisonné. Malheur à ceux qui ne reculent pas devant ce dernier degré de corruption! car, une fois arrivés à ce terme d'insensibilité morale, le cortége de tous les vices s'empare de leur cœur ; toutes les passions s'y intronisent et y fermentent avec l'impérieux et brutal désir d'être satisfaites. Elles y étouffent toute semence d'honnêteté qui pouvait y rester cachée. Alors les infortunés, atteints de cet horrible mal, rompent tous les liens, brisent tous les obstacles pour suivre la pente funeste qui les entraîne malgré eux. Ils ne se souviennent d'avoir une famille que pour en mépriser tous les devoirs et n'en réclamer que les bénéfices. Ils usent leurs plus beaux jours dans la paresse et la débauche, et ne déploient d'activité que pour le mal. Ils ruinent à la fois leur santé par l'orgie, leur avenir par de honteuses dépenses, par d'onéreux emprunts contractés près d'usuriers toujours à la piste des jeunes débauchés ; et enfin, quand épuisés, poursuivis par ces vautours à face humaine qui les rongent jusqu'à la moelle des os, ils ne peuvent plus satisfaire l'hydre insatiable qui les harcèle, ils conçoivent sans frémir la pensée d'un trépas précoce, qui, frappant leur malheureux père, jetterait en leurs mains un héritage trop souvent grevé par des dettes honteuses.

Voyez donc, monsieur, de quelle importance il est pour votre fils d'éviter les premiers pas dans cette funeste voie! Qu'il veille avec le plus grand soin sur le choix de ses connaissances! Qu'il évite ces piliers d'estaminet et de bals publics, ces deux grands agents de corruption de nos écoles! Qu'il s'interdise à jamais ces lieux suspects à plus d'un titre! Convient-il à un jeune homme de bon sens d'imiter ces nombreux paresseux qui semblent n'être venus à Paris que pour y apprendre à exceller au billard, à boire outre mesure et à culoter des pipes? Eh quoi! si le pays réclamait tout à coup les bras de ses enfants, faudrait-il, comme autrefois *Néron*, qu'il les fît chercher aux *nouvelles portes Capènes?* L'élite de la jeunesse française croupissant au cabaret, courant les guinguettes des barrières, et faisant retentir la rue d'obscènes chansons, en compagnie d'ignobles filles qui, sous le nom de grisettes, couvrent toutes les turpitudes, cela se conçoit-il? cela est-il même possible?... Questionnez ce jeune étudiant qu'un mal affreux dévore, qui revient dans sa famille pour y respirer l'air natal et y recevoir les soins de sa bonne mère. Qu'il vous réponde pour moi! Qu'il vous dise combien d'insensés courent ainsi à leur perte par le libertinage!... Qu'il vous raconte ces scènes étranges d'unions infâmes, où les malheureuses qui portent momentanément le nom d'un honnête homme ne sont pas les plus dignes de blâme; ces mariages à bail si fréquents au quartier latin, où l'amant de ces créatures méprisables abdique sa dignité au point de n'être que le valet de son ignoble maîtresse! Qu'il vous peigne une de ces orgies d'estaminet, de bouge, refuge d'escrocs, où les étudiants n'ont pas honte de parler l'argot, de boire, et de courir la nuit par les halles et les marchés, ivres de vin et de tabac! Je m'en rapporte à lui pour nous montrer encore ces vieillards de vingt ans, ces lovelaces du Prado et de la Chaumière, où chaque conquête coûte une vertu et donne des regrets éternels ; ces maris imberbes qui préludent au mariage par sa plus ignoble parodie ; qui plus tard n'apporteront dans ce saint nœud qu'un cœur fané, qu'un corps usé par la débauche ; toute cette jeunesse enfin étiolée aux ombres des tripots, et que la mort étrangle au milieu de l'orgie, sans souci de la main qui doit ouvrir et fermer son tombeau.

Je voudrais, une bonne fois, que tous nos jeunes compatriotes sussent bien ce que c'est qu'une grisette de Paris, car alors ils en seraient guéris tout de suite. Sous ce nom générique, que les roués de la régence donnaient à toutes les femmes qui n'étaient ni nobles ni bourgeoises, se cachent ici les plus méprisables créatures que la prostitution vomisse annuellement sur le pavé des grandes villes. Elles affectent généralement les allures de laborieuses ouvrières pour mieux duper les étudiants de première année, et elles sont, à la société en général et au quartier latin en particulier, ce que le ver est à l'étoffe qu'il ronge. L'on a peine à comprendre que des hommes qui se respectent jouent ainsi leur avenir et leur santé, fuient la société des femmes aimables et vertueuses, pour des objets qui ne doivent inspirer que le dégoût. — Jeune homme, dirai-je à votre fils, ces femmes que la société rejette sont pourries au cœur ; leurs baisers brûlent et leurs caresses coûtent la santé et l'honneur à qui se laisse séduire par leurs grimaces d'innocence. Leur âme est un égout où croupissent toutes les ordures du vice le plus effrontément obscène, le plus artificieusement rapace. Prends garde ! elles vendent cher le poison mortel qu'elles t'offrent dans la coupe de l'orgie ! Fuis ces sirènes fangeuses à l'égal de celles qu'une impure matrone garde, au fond du lupanar, fumier pour les pourceaux. Avec elles, l'homme riche et honnête se ruine et meurt de regret par le suicide ou à l'hôpital ; l'homme du peuple, quand aucun frein ne le retient, grossit la liste des voleurs et des assassins : la prison, le bagne, ou le bourreau l'attendent.

Croyez-moi, monsieur, ces tableaux n'ont rien d'exagéré. Ces détestables mœurs sont trop fréquemment celles d'une foule de jeunes gens qui, venus ici avec les meilleures intentions du monde, ont été entraînés par le torrent de l'exemple. Combien maudissent, mais trop tard, les mauvaises fréquentations! Combien de pères et de mères gémissent sur les égarements de leurs fils, et n'ont souvent trouvé pour tout remède que de les laisser s'enrôler volontairement, heureux quand ils n'avaient pas déshonoré publiquement leur nom! Ce n'est pas d'un seul bond qu'ils sont arrivés à ce point d'infamie; c'est petit à petit : il a fallu un premier pas qui entraînât le second, et ainsi de suite jusqu'au fond de l'abîme. Combien seraient restés sages et vertueux, auraient exercé honorablement l'état de leur père, seraient devenus de bons citoyens, d'excellents époux, d'heureux pères de famille, s'ils n'avaient été imprudemment lancés dans ce tourbillon parisien où tant de nobles cœurs, d'âmes généreuses, d'esprits ardents sont venus périr misérablement, faire un triste naufrage quand tout semblait promettre un avenir brillant! Force, jeunesse, vertus, talents, probité native, tout cela s'est éteint au souffle empoisonné de la corruption locale. Que reporte-t-il le plus souvent dans sa province ce jeune étudiant, l'espoir de sa famille? tous les vices de la capitale, et le désir violent de les satisfaire. Garde-toi bien, jeune fille sa sœur, d'ouvrir cette valise qu'on dépose dans la chambre que tes soins ont préparée avec tant de joie pour ton bien-aimé frère! laisse à ta mère le soin d'en pénétrer les mystères. Oh! ce n'est pas ainsi qu'elle comptait le revoir, ce fils dont l'absence lui avait coûté tant de larmes! A peine reconnaît-elle ses traits, son visage; son front, jadis si rayonnant de joie et de santé, maintenant sillonné par des rides précoces, porte l'indélébile empreinte de la décrépitude.

Son cœur se serre à cette vue, son instinct de mère a tout lu sur son visage; elle a compris qu'il fallait renoncer à ses douces espérances. En effet, pourra-t-il jamais être un citoyen utile, celui qui a passé les plus belles années de sa vie dans la dissipation, les folles joies d'un monde interlope, au milieu de tout ce qui ne peut qu'énerver le corps et l'âme? On se plaint de voir la société souffrante ; je m'étonne, moi, de ce qu'elle subsiste encore, quand chaque jour, chaque heure voit grossir le nombre de ceux qui en font la honte, et qui n'y apportent que le trouble et la confusion! Tout se tient, tout s'enchaîne dans l'ordre moral comme dans l'ordre physique. Vous avez sapé les bases de la société, vous l'avez agitée dans ses fondements, et vous vous étonnez qu'elle trébuche à chaque pas, qu'elle soit comme un homme ivre qui ne peut tenir l'équilibre sur son cheval! Comment voulez-vous qu'il en soit autrement? Les principes vous gênaient, vous les avez détruits. Ils étaient usés, dites-vous, par conséquent impuissants. Hâtez-vous donc, vous qui prétendez que la morale du Christ est une vieillerie, que le dogme chrétien n'a été qu'un temps d'arrêt de la perfectibilité humaine dans l'ornière sacerdotale, de nous déblayer le terrain où vous voulez établir le nouveau tabernacle de Dieu avec les hommes! Précurseurs du nouveau Messie, qui prétendez que la philosophie voltairienne n'a fait que frayer la route au progrès de sa sœur la philosophie humanitaire, hâtez-vous, nous vous en prions, de construire le solide édifice de la foi nouvelle, du dogme et de la morale d'où doivent sortir et se répandre sur cette terre toutes les béatitudes du ciel, et nous vous bénirons! Autrement, nous serons en droit de vous dire de jeter loin de vous ce manteau de prophète qui va mal à vos épaules d'épicuriens. Nous avons assez du sarcasme sans le blasphème !!!

Je suis de ceux qui pensent, monsieur, que la philosophie voltairienne a fait tout ce que la raison humaine pouvait faire. En vain entassera-t-on désormais sophismes sur sophismes, paradoxes sur paradoxes, on ne fera que renouveler la fable des Titans. Dieu restera ce qu'il est, et il ne sera pas plus donné aux hommes de pénétrer son essence, qu'il ne sera permis à l'intelligence humaine, toute perfectible qu'elle soit, d'arriver à la connaissance des causes premières de son être! Qu'on matérialise Dieu tant qu'on voudra pour le mieux saisir, le mieux comprendre, qu'on le synthétise avec l'homme, on ne fera jamais rien d'aussi bon que ce qu'il est, et on ne le forcera pas à se manifester autrement qu'il ne l'a fait jusqu'à présent par ses œuvres!!!... Je conseille donc à votre fils de n'aborder la nouvelle école qu'avec la plus grande réserve, afin qu'il ne s'enfonce pas dans les ténèbres d'un abîme sans fond. Ce serait perdre un temps précieux.

Il est, de nos jours, un autre excès dans lequel tombent tous ceux qui se paient de mots, sans se soucier de leur valeur réelle. De tous ces mots, celui dont on a le plus abusé, c'est le mot *patriotisme*. En effet, comment avoir une idée bien exacte d'une chose que ceux qui se targuent le plus de posséder, qui en font le plus parade, sont ceux-là précisément qui en ont le moins? Je ne sache pas dans tout le vocabulaire français un mot qui ait couvert plus de sottises, qui ait servi d'excuse à plus d'extravagances. Je n'aborderai cette question qu'avec la plus grande réserve, pour ne point blesser certaines susceptibilités juvéniles, qui, plus tard, comprendront mieux cette vertu; car le patriotisme est une vertu, une des plus grandes, sans contredit : il est la source de toutes celles qui doivent assurer au pays les destinées que tant de luttes lui promettent.

Mais de quelque manière qu'on entende ce mot, je n'hésite point à dire que la première condition du patriotisme est, après l'abnégation de soi-même, l'amour de la famille. Qui n'aime point sa famille, n'aimera pas son pays. Qui ne reconnaîtra pas saints et sacrés les devoirs de la famille, méprisera les devoirs du citoyen. Car la famille, c'est la Patrie! Elle est à l'individu ce que le pays tout entier est à tous les citoyens de ce pays, quelle que soit du reste la forme de son gouvernement. Dans une nation bien organisée, le premier devoir de ceux qui sont chargés de l'éducation, c'est d'imposer aux enfants l'amour et le respect pour les parents. De cet amour, de ce respect, naît l'obéissance qui fait l'union nécessaire à la conservation et au bonheur de tous les membres de la famille; société dans laquelle doivent se grouper tous les intérêts, toutes les affections de chaque individu qui en fait partie. Ayant tous une origine commune, tous unis par les liens du sang, ils doivent se considérer comme des amis que la nature a rassemblés pour vivre de la même vie, avoir les mêmes sympathies, la même tendresse, le même dévouement les uns pour les autres. Aussi est-ce un devoir pour le fort de protéger le faible, pour le riche de venir en aide à celui que la fortune a maltraité, *C'est ainsi que Dieu veut qu'il en soit!* Celui-ci qui se distingue par son savoir et son expérience, doit des conseils et des avis à ceux qui les lui réclameront d'autant plus volontiers qu'ils n'auront pas à rougir de confesser leur ignorance devant des parents avec lesquels ils sont tous les jours. Toute famille où il n'en est pas ainsi, est une mauvaise famille; la désunion y jette des semences de haines funestes et de ruine inévitable, tandis que dans une famille bien unie, vous ne verrez que la paix, la force et la prospérité dont finissent toujours par jouir des âmes sensibles, honnêtes, généreuses, et dégagées de l'amour vil et méprisable de l'intérêt privé!......

Mais revenons au mot *patriote*. Ainsi, prenez donc garde quand vous vous donnez ce titre ; car, si l'on ne voit point en vous toutes les vertus qui distinguent de tels hommes, on sera en droit de vous accuser de mensonge. Soyez bien certains d'une chose, jeunes gens : c'est que le véritable patriotisme consiste plus à se taire, à s'unir, à méditer, à travailler dans le silence, à mûrir son esprit, à comprendre les grandes questions sociales et politiques, à revenir à l'unité de principe dans cette matière, comme dans toutes les autres, qu'à crier sur les toits, dans les estaminets, dans les rues : *Je suis patriote!!!...* Songez que c'est de vous que le pays attend de grandes choses, que vous êtes l'élite de ses enfants, sa plus chère espérance, son plus ferme soutien, et que vous lui devez compte de cette science qu'il vous est donné d'acquérir pour l'éclairer et le guider dans l'avenir. La France veut des hommes aux bras forts, aux cœurs droits, au dévouement sans bornes à la patrie, et non des crétins qui ne savent que hurler la *Marseillaise*, et pourraient à peine soutenir le poids d'un fusil. Laissez là cette jactance de Brutus de carrefour. S'il vous faut quelque chose des temps passés, des beaux jours de cette glorieuse république qui a changé la face du monde, n'en prenez que ses vertus civiques! qu'elles soient dans vos cœurs, qu'elles brillent sur vos fronts, avec toutes celles de votre âge, et que nous, qui avons vu vos pères, nous reconnaissions en vous les dignes descendants de ces grands citoyens dont le sang coula si glorieusement pour vous faire ce que vous êtes, des hommes libres, auxquels le savoir et le mérite ouvrent aujourd'hui toutes les portes! Croyez-moi, cela vaudra bien les folles saturnales de la Chaumière et du Prado, les diatribes furibondes de certains bavards patriotes, plus roués que vous, qui exploitent la générosité de vos sentiments, pour se donner une importance qu'ils sont loin d'avoir. Ils n'ignorent pas, ces hommes, que c'est à vous, en définitive, que doit revenir la plus large part d'influence dans nos destinées futures. Voilà pourquoi ils cherchent à égarer votre jugement et à vous imposer leurs opinions. Le ferez-vous en étourdis, sans examen préalable des doctrines dont l'application reste dans le vague de leurs rêveries, dans les brouillards de l'arrière-pensée qui les fait mettre en avant? Servirez-vous à la fois vos ennemis par votre imprudence, et vos flatteurs par votre faiblesse? Vous êtes, oui, je le sais, je ne saurais le proclamer trop haut, vous êtes animés du meilleur esprit; votre enthousiasme naît de la candeur de vos âmes, de votre ardent amour pour tout ce qui est grand. Dirigez donc ces nobles sentiments, dont la jeunesse de nos écoles a donné tant de preuves, vers le seul but qu'ils doivent avoir, l'amour de la patrie, qui est saint comme l'amour de la famille où il prend sa source! Aimez la France, comme vous aimez votre mère, les citoyens comme vos frères! et de cette fraternité commandée par Dieu lui-même, de cette union de tous les membres de la grande famille qu'on appelle la France, naîtra cette harmonie de pensées et d'actions, cette unité et cette convergence de toutes les puissances sociales, qui font seules la force, la prospérité et la durée des états! Ne verrons-nous point finir le règne des parleurs éternels qui, depuis un demi-siècle, ont tout sophistiqué, tout réduit aux proportions d'une analyse chimique ou d'une controverse de chicane? La nouvelle génération sera-t-elle obligée, comme nous, d'assister à des expériences sans fin, qui n'aboutissent à rien, à de longs plaidoyers qui laissent la question aussi embrouillée qu'à son point de départ? On se dispute le terrain de l'opinion publique, que chacun met de son côté, à l'aide d'une phraséologie plus ou moins ronflante, sentimentale, incandescente ou orgueilleusement modeste, hypocrite, appropriée à la couleur de circonstance; on joue à coups de balivernes stéréotypées, que mille canaux répandent dans le pays en vertu du droit qu'a chacun d'étourdir ses concitoyens de ses sottises...... la France, oui, la France!... on la joue!!!...

On se heurte, on se déchire, qui avec un drapeau, qui avec un autre, et l'on décore ces luttes acharnées, incessantes, que l'on pourrait comparer à celles de corbeaux qui fondent sur un cadavre, du nom de patriotisme. Etrange abus des choses! Là des enfants qui jouent leur mère, ici d'autres qui la déchirent pour lui imposer leurs caprices ou leurs volontés! tous, à les entendre, pour son plus grand bien!... Où allons-nous? Celui-ci prétend que la France est trop vieille, celui-là qu'elle est trop jeune, un troisième soutient qu'elle vient à peine de naître. Prenez mon bras, vieille mère, dit le premier; appuyez-vous sur moi, vous allez tomber! Pauvre jeune fille, dit le second, écoutez ma voix paternelle; fuyez les piéges que vous tend la corruption! laissez-moi vous guider par ma sagesse et celle de mes amis! nous veillerons sur vous, nous vous protégerons contre tous les dangers qui vous menacent! Le troisième, enfin, la prend sur ses genoux, veut l'emmailloter, et la berce avec tout le galimatias de la philosophie humanitaire. En vérité, c'est à mourir de honte! Qu'a-t-elle besoin de vos béquilles, de vos bourrelets et de vos lisières? Laissez-la donc marcher seule; pourquoi l'étourdir de vos clameurs? ne sait-elle pas mieux que vous ce qui lui convient? Attendez qu'elle vous demande autre chose; vous savez bien que quand elle manifeste une volonté, quand elle parle enfin, elle le fait assez haut pour qu'on n'entende plus le chuchottement des brouillons, des mécontents.

Pour abréger autant que possible tout ce qu'il y aurait à dire sur le patriotisme considéré comme résultat de sentiments et de convictions politiques profondément sentis, je pense qu'il serait très difficile de le reconnaître au milieu de l'agitation générale des esprits, principalement chez les jeunes gens, au milieu surtout de la confusion qui règne dans tout ce que la presse quotidienne jette en pâture à ses nombreux lecteurs sur cette matière. Il faut des hommes doués d'une grande puissance d'analyse pour débrouiller ce chaos d'idées exubérantes, pour en extraire ce qu'il y a de bon dans ce fatras où bouillonnent pêle-mêle l'extravagant et le sublime, la vérité et le sophisme, l'exagération et le moyen terme que tant de gens négligent. C'est à ce travail d'analyse que les esprits sérieux doivent s'appliquer, sans se préoccuper de cette surexcitation fiévreuse qui jette loin du but ceux qui se croient le plus près de l'atteindre. C'est un moment de crise, croyez-le bien! Examinez de sang-froid, étudiez les phénomènes qui l'accompagnent avec toute l'attention d'un médecin au lit d'un malade, afin de bien établir vos convictions avant d'employer pour le guérir un traitement qui ne ferait qu'aggraver les accidents, si vous n'y réfléchissez sérieusement. La génération qui s'élève doit, dit-on, jouir de tous les bienfaits pour lesquels la France s'agite depuis cinquante ans. Je veux bien le croire, mais elle n'en prend guère la route. Quoi qu'on en dise, je soutiens qu'elle n'y parviendra qu'en faisant un retour à l'unité des principes, en morale, en religion et en politique. Sans cela, on ne fera rien de bien, *ni pour, ni avec le peuple!* Quelle croyance voulez-vous qu'il accorde à vos paroles, s'il ne vous voit pas vous-même prêcher d'exemple? comment voulez-vous qu'il se soumette à une religion, à une foi politique nouvelles, quand jusqu'ici on a traité ces choses de niaiseries bonnes pour les esclaves, mais indignes d'hommes libres? Les peuples, à force de vous l'entendre dire, ne voient dans la religion qu'un moyen à l'aide duquel les prêtres ont abruti les nations, et le gouvernement un autre par lequel quelques privilégiés pompent leurs sueurs et boivent le plus pur de leur sang.

Si le cadre étroit d'une lettre me permettait de m'étendre sur ce sujet, de le traiter à fond, ce serait ici le cas d'examiner comment le comprennent ceux qui sont chargés de représenter les vœux et les besoins du pays que chacun invoque. Je commencerais par la presse, la seule institution sainte qui nous reste, ce sacerdoce des temps modernes sur lequel on appelle le respect des peuples et des rois, et j'examinerais si les ministres de cette religion la respectent assez eux-mêmes pour ne point trafiquer, comme l'a dit un savant critique : « *de tout ce qui est vénérable parmi les hommes, de la vérité, de la liberté, du patriotisme, des conditions de l'ordre social, des passions politiques, de l'honneur des individus; s'ils ne fomentent pas de funestes divisions, ne ramassent pas avidement tous les scandales, s'ils n'inventent point quand ils n'ont rien à dire, afin d'avoir plus d'abonnés et partant plus d'argent.* » Qu'ils y prennent garde, ces prêtres si jaloux de leur puissance! nous vivons dans un temps où tout est soumis à l'examen. Déjà l'œil avide des incrédules cherche à sonder les mystères de leur sanctuaire, afin de s'assurer si la divinité réside bien réellement dans son tabernacle ; et, vous le savez, monsieur, le peuple ne juge, en général, des choses que par les hommes, les religions surtout que par la vénération et le respect qu'inspirent leurs ministres; et quand ces derniers sont mauvais, sa logique habituelle confond les uns et les autres dans une même indifférence ou un égal mépris. Ce n'est pas tout-à-fait sa faute; c'est la faute de ceux qui égarent à dessein son jugement pour briser plus facilement les obstacles qui les gênent.

Je jetterais également un coup d'œil rapide sur nos assemblées législatives depuis leur création. Ne vous semble-t-il pas, comme à moi, que nos chambres ne soient plus qu'une arène, une espèce de champ clos où les ambitions des élus se ruent les unes sur les autres, s'étreignent pour se faire céder à leur tour les meilleurs postes, les emplois les plus lucratifs, les honneurs les plus capables de satisfaire l'orgueil et la vanité personnelle? On dirait d'un théâtre où la presse périodique remplit les triples fonctions de souffleur, de metteur en scène et de machiniste, poussant celui-ci vers un portefeuille, celui-là vers une préfecture, cet autre à une ambassade ou à une présidence de cour de justice, tous enfin aux honneurs de la célébrité politique, aux dépens les uns des autres, selon qu'ils soutiennent avec plus de bruit ou d'éclat telle ou telle opinion. Car aujourd'hui, monsieur, on ne s'occupe que d'opinion; de principes, nullement. De quels principes, au surplus, parlerait-on? Du principe religieux?... usé. On a une opinion religieuse, c'est bien assez. Laquelle? ma foi, chacun la sienne. Du principe de la morale?.. ah! bah! belle ânerie que la morale! Nous avons nos codes civils et criminels; toute la morale y est consignée : faites tout ce qu'ils ne défendent pas, et moquez-vous du reste! Du principe politique? lequel encore une fois? — Démocratique.... Bien! alors laquelle des trente-deux républiques d'Aristote convient le mieux au peuple français?... — Du peuple. — C'est ce que je disais, car j'ouvre à l'instant *deux organes de l'opinion publique* qui me prouvent par *A* plus *B* que tout le pays est monarchique absolu et partisan du droit divin. O peuple le plus spirituel du monde, qu'as-tu fait à tous ces gens-là pour qu'ils se moquent ainsi de toi!...

Que résulte-t-il de tout ceci, monsieur ? c'est que tous les antagonismes se dressent contre ce qui est pouvoir, par la seule raison qu'il est pouvoir. Qu'il tombe, tous ses ennemis applaudiront à sa chute, mais ils recommenceront immédiatement la lutte contre son successeur, toujours au nom du peuple, au nom de l'opinion publique.

Ainsi donc, monsieur, en tout, pour tout, et partout, votre fils va trouver ce génie de destruction qui souffle, sous le nom de progrès, le vertige dans toutes les cervelles. Poëtes, romanciers, littérateurs, auteurs dramatiques, journalistes, publicistes, hommes politiques, tous sont sous l'empire de cette exubérance d'idées inquiètes, luttant à qui donnera le plus vigoureux coup de pioche contre le vieil édifice social dont Dieu lui-même a posé les fondements dans la conscience humaine éclairée du flambeau d'une révélation incontestable. Tous battent en brèche ces croyances simples et sublimes, mille fois plus faciles à comprendre que toutes les sublimités de la raison livrée à elle-même, et qu'ils veulent mettre à leur place, au milieu des ruines qu'ils amoncellent autour de nous. Si quelqu'un ose élever la voix contre leur orgueilleuse présomption, à l'instant on le siffle impitoyablement comme un vieux radoteur que Charenton réclame. Mais qu'importent ces huées et ces sifflets à qui dit la vérité ?.. La tour de Babel ne fut jamais achevée, malgré le nombre et l'ardeur des ouvriers ? La raison humaine, seule, ne dépassera pas la hauteur de Babel, et sa chute sera d'autant plus humiliante qu'elle se fera de plus haut !...

Que vous dire après tout ceci ? Votre embarras n'en est pas moins grand, car rien n'est critique comme la position d'un père dans cette circonstance. Il est souvent obligé d'imposer silence à son cœur, de refouler les réflexions que son expérience fait surgir devant lui, dans la crainte, fondée jusqu'à un certain point, d'être un obstacle à l'avenir de son fils, s'il contrecarre une volonté que l'on prend souvent pour une vocation bien prononcée. Pour moi, je ne crois pas qu'au sortir du collége un jeune homme sache bien décidément quelle profession lui convient. Tout au plaisir de rentrer dans un monde, dont il a été long-temps séquestré, qu'il n'a fait qu'entrevoir à travers les charmes des vacances, atteignant l'âge où les passions commencent à faire sentir leur aiguillon, il se jette avidement au-devant de tout ce qui lui plaît, de tout ce qui lui fait sentir la liberté naissante, et lui laisse entrevoir la possibilité d'en jouir le plus largement possible. C'est, si vous voulez, un jeune aigle qui essaie ses ailes, mais qui a besoin qu'on modère son essor pour lui épargner une chute dangereuse. C'est, sans contredit, le moment le plus critique de la vie d'un jeune homme. Voilà pourquoi il faut que la sollicitude paternelle et sa surveillance soient plus actives que jamais. Beaucoup de parents ont généralement la faiblesse d'excuser une multitude de petits écarts, sous prétexte *qu'il faut que jeunesse se passe,* comme on dit; ceux-là ne devront pas s'étonner si, plus tard, leurs enfants méprisent leurs remontrances pour de plus grands. Il faut veiller les premiers pas : c'est un traitement prophylactique toujours sûr. On voit aussi beaucoup de jeunes gens qui, après avoir reçu quelque peu d'éducation, rougissent d'embrasser la profession de leur père. Si ce n'était un vice du cœur bas et honteux, ce serait la marque d'une faiblesse la plus sottement orgueilleuse! Ils oublient bien vite que les plus grands citoyens de Rome s'honoraient de conduire la charrue.

Combien qui auraient été d'honnêtes marchands, d'habiles commerçants, qui auraient enrichi l'industrie de l'activité de leur intelligence, dont ils devaient le développement aux sacrifices de leurs pères, ont quitté leur maison, leur comptoir, leur ferme, pour venir à Paris dissiper leur modeste patrimoine, ruiner leurs frères, leurs sœurs, prostituer leur plume, pour vivre au jour le jour entre le désillusionnement de la veille et les espérances chimériques du lendemain, et mourir déshonorés sur les marches d'un hospice ou entre les quatre murs d'une prison ! Tout cela pour se soustraire à l'épithète bêtement sarcastique *d'épiciers*. Pauvres fous! qui ne savent pas que, dans l'intérêt même de ce progrès, dont tout le monde se montre si jaloux, un homme qui vend du poivre, qui fabrique une étoffe, qui défriche un arpent de terre, vaut mieux mille fois qu'un cerveau brûlé qui bouleverse toutes les croyances, et que cent mille barbouilleurs de papier qui vivent de mensonges et de scandales. Où pensent-ils donc que se trouve la force réelle du pays, si elle n'est pas dans la masse des producteurs, des travailleurs, en un mot? Le commerce est l'âme d'une nation. L'industrie est aux besoins de la civilisation des peuples ce que l'agriculture est à leurs besoins premiers; les sciences, les arts, ne sont réellement utiles que quand ils prêtent, les premières leurs lumières, les seconds la puissance de leur secours. Ils n'ont pas d'autres destinations dans l'ordre providentiel, ordre dans lequel tout se rapporte à la perfectibilité des moyens de bien-être de l'homme sous la stricte condition du travail. Si cet impôt, mis par Dieu sur l'espèce humaine, s'acquitte par les fonctions de l'intelligence, j'imagine, dans mon gros bon sens, qu'il ne sera reçu qu'à la condition qu'il aura été accompli dans l'intérêt général, et non contre ce même intérêt. Il vous reste à juger vous-même, monsieur, si les apôtres de l'émancipation intellectuelle acquittent bien cet impôt.

Je crois que, de nos jours, on néglige trop les choses positives pour les spéculations chimériques de la pensée ; que le grand nombre de raisonneurs, loin d'être utile, a pour inconvénient d'entraîner après lui beaucoup plus de brouillons que de véritables amis du progrès ; que ce même progrès réclame plus de bras actifs que d'intelligences désordonnées ; que, puisque c'est du bien général que l'on se préoccupe, il faut chercher ses conditions un peu plus dans la matière, un peu moins dans les divagations des théories. Quand l'opulence aurait un peu moins de laquais, la chaumière un peu plus de laboureurs, nos académies un peu moins de pédants et d'athées, nos villages quelques bons instituteurs de plus croyant en Dieu, nos femmes moins de mauvais romans, et nos filles un peu plus de bons livres, de ceux où l'on respecte la morale, nos théâtres moins de pièces obscènes, et nos réunions intimes un peu plus de gens graves et sérieux, je ne crois pas que la société périrait sous le *perruquinisme* d'un semblable état de choses. Je dis au contraire que tout y gagnerait. La France n'en serait pas moins le pays des philosophes, des géomètres, des physiciens, des astronomes, des chimistes, des botanistes et des naturalistes, qui, tous, par des voies diverses, contribueraient aux progrès des connaissances utiles au genre humain. La littérature y gagnerait en force morale tout ce qu'elle perd en considération auprès des savants. Respectant ce qui est vrai, ne prenant ses inspirations qu'à des sources pures, elle n'infecterait pas, comme elle le fait aujourd'hui, la ville et la province de productions dont le moindre inconvénient est la médiocrité.

L'unité morale, basée sur la foi religieuse,

profondément gravée dans le cœur des jeunes enfants, avec l'éducation première, les mettrait, dans un âge plus avancé, à même de repousser les perfides insinuations de ce matérialisme grossier qui envahit tout, domine tout, et ne fait consister le savoir vivre que dans l'abus de toutes choses et les excès d'un sensualisme qui énerve les plus forts. C'est à cette source de la morale qu'il faut retremper la jeunesse du siècle présent, si l'on veut la rendre digne de ses destinées, et ramener au sein du pays tous les éléments de force et de savoir qui le doivent maintenir à la tête des nations civilisées.

LETTRE A SOSTHÈNE

SUR L'ÉGOÏSME.

Vous m'avez reproché de n'avoir abordé, dans ma première lettre, que des généralités peu concluantes, et de n'avoir esquissé que des tableaux d'une telle excentricité, que vous doutez, dites-vous, qu'il soit bon de soumettre de telles peintures aux yeux de la foule, dans l'intérêt de cette même morale publique, dont vous voulez bien reconnaître cependant que je me montre zélé défenseur. Mon épître sent tant soit peu la diatribe, ajoutez-vous plus loin : je devais savoir que toutes vérités ne sont pas bonnes à dire ; et, enfin, vous terminez par cette sentence de Voltaire : *Malheur à qui dit tout ce qu'il peut dire!...* Ceci peut être très vrai en diplomatie ; mais en morale et en philosophie, dans le temps où nous vivons, temps d'analyse s'il en fut, j'en demande pardon au philosophe de Ferney, sa sentence est hors de saison. Les réticences, quand il s'agit de choses graves qui intéressent la société tout entière, loin de me paraître l'effet d'une prudence raisonnable, me semblent le résultat d'un calcul de peur indigne d'un écrivain ; la modération en face du vice arrogant, est une faiblesse impardonnable. J'avais à peindre des faits hideux, j'en conviens, mais réels. Tous les ménagements du style n'eussent pu en altérer la réalité qui fait leur laideur. La vérité, dans ce cas, préfère le fouet de Juvénal à la férule d'Horace. Je peignais des vices, j'étalais des plaies honteuses, profondément ulcérées, gangréneuses ; le dégoût qu'elles m'inspiraient à moi-même ne pouvait être vaincu que par l'indignation et la ferme volonté de les attaquer de front avec le fer et le feu pour en tenter l'extirpation, la guérison radicale, et non pour en déguiser l'horreur par une médication appropriée aux exigences des yeux trop faibles, des nerfs trop délicats.

Et puis je me disais : Quand les apôtres de la démoralisation usent si largement de la liberté d'écrire, cette précieuse conquête de la raison sur l'ignorance tyrannique des temps passés, pour tout attaquer, tout ébranler sous nos pas ; quand mille canaux vomissent chaque jour dans nos provinces le poison qui va troubler jusqu'au repos laborieux du laboureur, de l'artisan sous son chaume, éveiller le malaise et les tortures de l'ambition chez le pauvre comme chez le riche, saper les bases de la vertu chez nos épouses, nos filles, renverser la famille de fond en comble en faisant vibrer dans tous les cœurs les cordes de l'amour effréné des jouissances brutales, égoïstes et matérielles, nous faudra-t-il, nous, obscurs mais bons citoyens, rester paisibles spectateurs d'une lutte qui, commencée par des plumes plus ou moins éloquemment captieuses, plus ou moins séduisantes par la hardiesse du paradoxe, le coloris du style, l'exquise politesse de la forme, pourrait finir par la hache brutalement destructive de l'ignorance armée? D'où nous viendrait ce coupable neutralisme? Quand tous parlent, écrivent, nous, héritiers de la franchise des Celtes, nos aïeux, nous avons le parler trop vieux gaulois peut-être!.... Allons donc! Sommes-nous cyniques, par hasard, parce que nous osons présenter la vérité toute nue? Cette vierge, la plus pure des vierges, malgré tous les outrages qu'on lui fait, n'aime-t-elle pas à se montrer ainsi aux regards des hommes, sans rien perdre de sa pudeur? Ceux-là seuls veulent lui laisser un voile de convenance, qui auraient trop à rougir sous le rayon pénétrant de sa prunelle! Son langage est dur!... Oh! c'est vrai, elle n'est ni flatteuse, ni servile. Elle sourit aux brusqueries d'un Jean Bart, et hausse les épaules de pitié devant les discours ambigus des louangeurs des puissants. Ses épithètes sont impertinentes!... Tant pis pour qui les mérite ! Avec elle, le fond l'emporte toujours sur la forme dans les procès qu'elle soutient contre l'astuce de ses adversaires. Elle n'est pas polie comme un discours académique : elle va droit au fait : elle précise d'une manière irréfragable, comme un chiffre, la peccadille, la faute, le délit, le vice, le crime, le forfait, la scélératesse, l'atrocité. Son jugement est infaillible comme ceux de Dieu dont elle est la fille aînée. Elle est la mère de toute justice, la base de la raison et le terme sur lequel se mesure la moralité des actes humains. Quand la vertu et la justice sont opprimées par la force ou la perfidie, elle jette son cri d'alarme dans les consciences, et ce cri doit donner à tous indistinctement l'énergie de repousser qui l'attaque et la blesse. Il y aurait lâcheté à ne le point faire, et ce serait se rendre complice d'un désordre, que de ne le point réprimer avec l'arme qu'elle met entre les mains de chacun.

Je pense, monsieur, que quand le vice triomphant se montre effrontément aux yeux de tous, quand il sème partout la corruption du mauvais exemple, fait fermenter le secret désir de se mettre à son niveau par l'abnégation de tous les principes religieux et sociaux, le plus grand malheur qui puisse arriver, c'est qu'il n'y ait point, dans la foule des spectateurs éblouis, un citoyen assez fort de la dignité et de l'importance de son œuvre pour sentir le rouge lui monter au front avec la colère, et lui jeter à la face l'anathème de sa réprobation d'honnête homme! Qu'importent les sarcasmes de la multitude prosternée devant le veau d'or? La presse n'est-elle pas, comme on l'a dit, un sacerdoce? l'écrivain moraliste un apôtre? Les tribulations, les difficultés, le martyre même qui peut suivre son ministère, ne doivent point lui en faire oublier la grandeur ni la sainteté. Il faut qu'il cite à son tribunal tous les désordres, toutes les passions mauvaises, tous les vices, tous les crimes! Il faut que, le scalpel de l'anatomiste a la main, il dissèque une à une toutes les difformités du corps social, sans se mettre en peine des clameurs du malade! il faut que, comme un médecin éclairé, il poursuive dans tous les détours de l'économie, dans tous les replis de l'organisation où il se cache, l'agent morbide, à l'aide d'une thérapeutique hardie sans cesser d'être habilement combinée. Sainte et noble mission de l'écrivain, œuvre sublime que déjà j'entends appeler *Don Quichotisme!* efforts divins qu'on nommera coups de boutoir impuissants contre les cuirasses encroûtées de l'erreur, les épaisses murailles derrière lesquelles s'abrite la corruption!!!... Le blessé appelle bien bourreau le chirurgien qui l'ampute! Voit-on le chirurgien quitter le fer pour cela? Non! Que l'écrivain fasse comme lui; qu'il soit calme, mais sans pitié. Le salut de son malade est à ce prix. L'instrument une fois dans la plaie, qu'il continue son œuvre. Dans la guerre qu'il déclare à ses ennemis, qu'il se pose bravement en face de ses adversaires. Quand la vérité le protége, sa fermeté doit lui assurer la victoire. A nous donc! prenons corps à corps une de ces passions hideuses qui se déguisent sous l'apparence spécieuse d'attribut de notre nature, et qui prennent le prétexte de leur nécessité dans l'ordre physique pour jeter la perturbation dans l'ordre moral... A nous d'abord l'*égoïsme*, ce fils aîné de la barbarie, ce père de tous les désordres, de tous les crimes!!!...

Qu'on nous comprenne bien! nous n'entendons nullement vouloir abolir une faculté qui chez les animaux, prend le nom d'instinct de conservation, sentiment qui est propre à tous, et chez l'homme, celui d'amour réfléchi de soi-même, qui est le satellite obligé de son existence physique et morale.

Cet instinct, cet amour de soi a été donné par le créateur à tous les êtres animés, pour protéger, améliorer, perfectionner, embellir l'œuvre de Dieu. C'est *l'égoïsme de la raison!* Celui-là, nous voulons lui laisser sa place, car il est nécessaire physiquement et moralement; mais dès qu'il franchit le cercle dans lequel il doit se mouvoir et que lui trace le même instinct, le même amour *de soi* chez les autres, il faut à tout prix l'y faire rentrer. Dût-on user toutes les forces de la raison dans cette lutte, il ne faut pas lui laisser prendre un pouce de terrain au delà de ses limites placées par la justice naturelle là où commence le droit d'autrui ; car alors il devient le monstre hideux de *l'égoïsme*, celui auquel nous déclarons la guerre.

Plusieurs, se disant philosophes, ont prôné l'égoïsme parce qu'ils s'étaient aperçus, disaient-ils, que ce sentiment avait été un des plus puissants moteurs de réaction de l'esprit humain contre la tyrannie et l'ignorance dominatrice de trop vieilles institutions; mais bientôt, voyant qu'ils avaient réchauffé un monstre insatiable, qui aujourd'hui les dévore eux-mêmes et toutes leurs œuvres, ils se sont mis à crier contre, plus fort que les autres. Quand on allume un incendie, doit-on s'étonner de ses ravages? Quand on a divinisé l'individualisme, lui brutal, irrationnel de sa nature; quand on a préconisé la morale des intérêts privés aux dépens d'intérêts généraux, mal compris peut-être (nous ne les discutons pas en ce moment), il ne faut pas s'étonner des désordres qui en sont infailliblement la suite. Les intérêts matériels sont intimement liés aux intérêts moraux; ils sont assurés, en marchant de concert, de trouver tous leurs moyens d'extension sous toutes les formes possibles : mais si vous les désunissez, si vous soulevez les premiers en haine d'institutions qui vous blessent, à tort ou à raison, contre les seconds, il en résulte une lutte incessante d'égoïsme à égoïsme, lutte dans laquelle tout le positif étant matériel, toute moralité disparaît, tous les intérêts sont lésés, meurtris, étranglés les uns par les autres; d'où une anarchie violente, une confusion horrible, à laquelle on ne peut assigner d'autre terme que la destruction de tous les agents moraux qui unissent les sociétés. Car tel est l'effet de l'égoïsme abandonné à son énergie envahissante : il attire, absorbe, dévore tout au détriment des égoïstes ses semblables; il pompe toute la sève de l'arbre social et n'y laisse bientôt plus pendre que des rameaux languissants, qui ne donnent pas de fruits.

C'est ce qui est arrivé par suite de prédications maladroites, pour ne pas dire impies. On avait établi que, sous la forme ancienne, le droit individuel s'était sacrifié, annulé, détruit volontairement au profit de la tyrannie religieuse et gouvernementale ; qu'il en était résulté une abnégation complète de la raison humaine, à la suite de laquelle les hommes ont été dupes, jusqu'à présent, d'une atroce friponnerie, et sont restés proie, butin, curée d'imposteurs. Quand un commencement de réaction s'est opéré, on a battu des mains, on a crié bien haut et partout qu'enfin le crépuscule de l'intelligence éclairait les hommes. L'impulsion était donnée, le premier pas avait été heureux, on a donc poussé *les intelligences* à se roidir, mais si violemment qu'on a fait craquer tous les liens sociaux. Le mouvement brusque, irrationnel, irréfléchi, opéré par les individualités galvanisées par la colère, les a fait cambrer en arrière jusqu'à la difformité de l'égoïsme. Elles s'y sont maintenues, en dépit de toutes les criailleries hypocrites de ceux qui les avaient mises en jeu, et logiquement il ne pouvait en être autrement, puisque la raison et la sympathie, la morale et la pensée qui unissent les hommes, avaient fait naufrage dans ce déchaînement furieux de la force individuelle.

Résumons-nous. Oui, l'instinct de conservation et l'amour de soi sont des attributs nécessaires à notre condition naturelle; mais l'exagération de ces sentiments, que nous désignerons plus volontiers alors sous le nom d'égoïsme, est la plus mauvaise, la plus funeste, la plus hideuse de toutes les passions. L'égoïsme résume en lui toutes les autres, les asservit et en fait les ministres de ses ignobles appétits. Le cœur de l'égoïste est une sentine infecte, où grouillent tous les vices, toutes les turpitudes, toutes les bassesses. L'égoïste ne voit que lui, ne pense qu'à lui, n'aime que lui, rapporte tout à lui. Il sait être vertueux par calcul, scélérat par spéculation. Il est prodigue et avare, ambitieux, modeste, vaniteux et simple jusqu'à l'affectation, intempérant et sobre, chaste et cynique, patient et colère, miséricordieux et vindicatif, franc et menteur, audacieux et rampant, selon les circonstances, mais toujours pour lui, pour son propre intérêt, jamais pour celui des autres. Renard, il attire dans ses piéges! Serpent, il rampe pour vous enlacer dans les replis de ses anneaux! Vautour, il fond avec impétuosité sur sa proie et l'enlève dans ses serres cruelles! Loup, chacal, il déchire ses victimes de sa dent meurtrière! En un mot, il n'appartient à l'espèce humaine que par la figure. Vit-il dans le célibat? il s'isole, ou ne voit que ceux qui peuvent lui être utiles ou à qui il est indispensable pour faire payer chèrement ses services. S'il songe à s'engager dans les liens du mariage, ne croyez pas que l'amour et la sympathie, ces doux présents du ciel, déterminent son choix. Non, l'égoïste ne sait que compter; son âme est vide! La femme pour l'aider, le servir! la dot pour l'enrichir! voilà tout. Il sait d'avance qu'il n'aura qu'un héritier. La loi veut qu'il en soit ainsi pour que l'époux soit assuré de la fortune de l'épouse. Il aura un héritier, non pour jouir des douceurs de la paternité, mais pour ne pas être obligé de restituer la dot. Sa femme peut mourir après, peu lui importe! Son fils la suit dans la tombe; son œil reste sec sous le mouchoir dont il affecte de se couvrir le visage en suivant le cercueil, et son cœur bondit de joie en comptant en lui-même ce que ces deux trépas viennent de lui faire gagner.

Un violent incendie, qui menace de tout dévorer, vient-il à éclater dans son voisinage? le premier il court au corps de pompiers; il tremble, non pour les autres, mais pour lui. Il traîne les pompes devant sa maison, il va partout prier ses voisins de l'aider à le secourir, lui, toujours lui; il n'aura de repos que quand il aura entraîné tout le monde à sa suite. Le feu a-t-il épargné sa demeure, en continuant d'exercer ses ravages? il fuit sans mot dire, va s'enfermer chez lui, et ne s'enquiert plus de rien. Sa propriété lui reste, il n'a plus rien à craindre! Qu'on le prie à son tour, qu'on cherche à l'émouvoir par le tableau déchirant des malheurs de ses voisins; il reste impassible, répond froidement qu'il n'y peut rien, qu'il s'est donné assez de mal pour se sauver lui-même. Le lendemain, il y aura une liste de souscription en faveur des victimes ; son nom n'y figurera point. Le lendemain aussi une plainte sera déposée au parquet contre l'imprudent auteur du sinistre; il la signera le premier.

Un fléau épidémique ravage la contrée. Quand l'égoïste n'a pu prendre la fuite sans danger, il fait le chiffre de ceux qui succombent, et suppute les chances de salut que leur nombre lui donne ; plus il augmente, plus il espère être compris dans l'escompte que fait la mort aux vivants, sur l'impôt d'existences humaines qu'elle a chargé son affreux ministre d'aller impitoyablement lui lever sur ses vassaux. La moisson faite, lui compris dans la remise des quatre ou des cinq au cent, comme il l'espérait, le cortége des veuves et des orphelins peut passer sous ses fenêtres; il ne le verra point. Sa maison est fermée à toutes les infortunes. Il n'en est point sorti pendant tout le temps qu'a sévi le fléau. Chose étrange !

un bulletin circule ; il cite tous les beaux traits d'héroïsme et de dévouement qu'inspirent les grandes calamités publiques, en réveillant dans les âmes le sentiment d'égalité par la pitié qu'inspire le malheur : son nom s'y trouve inscrit parmi les plus dignes. L'égoïste demande la croix, ce signe du courage civique : il l'obtiendra !.....

La famine étrangle tout un peuple. Que fait l'égoïste ? il va par la ville et les marchés, cherchant un morceau de pain qu'il ne veut pas trouver, et offre de le payer au poids de l'or. Le désespoir affecté sur sa figure, il rentre et s'enferme au fond de sa maison où une table somptueuse l'attend. Il se gorge de viandes et de vins, tandis que le pauvre, exténué par la faim, vient mourir sur le seuil de ses magasins d'accapareur. Les pleurs, les prières, les cris de la souffrance et du désespoir n'arrivent pas jusqu'à lui : ils troubleraient la digestion du mauvais riche, qui refuse à Lazare jusqu'aux miettes de sa table.

L'ennemi est aux portes de la ville qu'il

somme de se rendre. L'armée et les citoyens indignés veulent le repousser ou périr glorieusement pour leur indépendance et l'honneur de leur drapeau, de leur pays; on oublie tout pour ne songer qu'au salut de la patrie ! L'égoïste, lui, il ira furtivement lui en vendre les clefs. La trahison lui sourit, ne va-t-elle pas protéger de la bombe incendiaire et de la fureur du soldat son toit et ses trésors ! Périsse tout, mais qu'il vive, qu'il reste paisible possesseur d'une maison, d'un palais, qui pouvaient l'ensevelir sous leurs décombres ! peu lui importe le reste ! Quand toute une nation pleure de rage de se voir enlever la victoire par la perfidie du traître, gémit sur la honte d'une invasion humiliante imposée par la force du nombre, et fait résonner partout ses cris d'indignation, lui, va saluer l'ennemi avec lequel il a trafiqué de l'honneur et de la liberté de son pays, et plante le premier sur sa maison le signe de la honte et de l'esclavage, le drapeau des vainqueurs ! Il allume des feux de joie devant sa porte, pavoise son balcon des couleurs anti-nationales, et se réjouit de la ruine publique : l'invasion triple ses capitaux. Aujourd'hui vil espion, demain, pour un peu d'or, il se fera le bourreau de sa famille et de ses concitoyens. Cinq cent mille baïonnettes le protégent ! rien ne saurait l'effrayer. Son cœur est sec et impassible comme le triangle d'acier de Guillotin ! L'infâme ira ensuite faire retentir les voûtes sacrées du chant du *Te Deum*, au milieu des uniformes étrangers !...

L'égoïste, on l'a dit, et on ne saurait trop le répéter, sera toujours un mauvais citoyen. Il ne connaît pas de famille ; connaîtra-t-il la patrie, les devoirs et les droits de la cité ? Il est à ses concitoyens ce qu'est, dans un champ cultivé, la plante parasite au bon grain, dont elle pompe tous les sucs et qu'elle finit par faire périr.

Qu'un tel homme arrive aux emplois, il n'y verra qu'un moyen plus facile de s'engraisser des deniers publics. Il sera concussionnaire, abusera du télégraphe, tripotera à la Bourse,

fera des marchés honteux. Magistrat, il vendra la justice, absoudra le coupable et condamnera l'innocent, s'il y trouve profit. Député, il mettra son vote et sa conscience (si l'égoïste avait une conscience) à l'encan. Il sacrifiera tous les intérêts de ses commettants pour satisfaire les siens et s'élever jusqu'aux plus hauts emplois. Ministre, ambassadeur, il trompera la confiance du chef de l'état, pour entasser or sur or, et livrera, s'il le faut, sa patrie à l'étranger pour emplir ses coffres. Oh! je m'arrête!. . . . .
. . . .
. . . .

Voyez *Nemrod*, le chasseur farouche, dévoré par la soif de la domination, essayant sur les hommes le système d'asservissement qu'il employait pour dompter les animaux sauvages! Voyez les *Bélus*, les *Ninus*, les *Sémiramis*, qui ne montent sur le trône que pour se signaler par l'orgueil fastueux de la puissance, de la terreur et de la violence, laissant des successeurs qui, du sein de Ninive et de Babylone, traînent le carnage et la destruction au cœur de l'Inde, de l'Egypte, de la Palestine, incendient Jérusalem, chassant devant eux les peuples esclaves comme de vils troupeaux, et finissant par se faire déifier par la crainte qu'ils inspirent! Voyez *Alexandre*, cet ambitieux égoïste, qui, jaloux des victoires de son père, pleure d'avoir trop peu de sang à verser en Grèce, en Perse et jusqu'aux bords de l'Indus, où il laisse partout, sur son passage, des traces funestes que l'œil de l'historien philosophe a peine à suivre sur la carte des désastres du monde! Sa rage de conquérir lui fait craindre que l'univers ne soit trop étroit : il frémit à l'idée de voir borner sa puissance, et cherche de nouvelles routes pour y porter la dévastation. Mais la mort l'arrête dans sa course et venge l'humanité de ses forfaits. Enfin voyez *Rome*, fondée par une poignée de voleurs, se frayer une route sur les mers pour aller détruire Carthage dont elle redoute la puissance rivale, et qui, égoïste comme elle, rêve l'empire du monde. Carthage tombe, et entraîne dans sa chute Corinthe et Numance. L'Asie, l'Afrique, le monde devient la proie des vainqueurs. Mais bientôt Rome voit naître des Sylla, des Marius, dont l'égoïsme médite la ruine de ses citoyens pour s'élever à la grandeur suprême. Bientôt aussi apparaît *César*, qui, traître à sa patrie sur les bords du Rubicon, lève l'étendard de la révolte, enchaîne la victoire à son char de triomphateur, et vient implanter le despotisme impérial sur les débris de la liberté qu'il étouffe de ses mains parricides. L'humanité se venge par le fer d'un assassin, et le punit ainsi d'avoir donné naissance à cette longue chaîne de monstres qui devaient apprendre aux nations jusqu'où pouvaient aller la scélératesse des puissants, la bassesse et la servitude des peuples égoïstes!

A cette série de crimes, d'atrocités sanglantes, engendrés par l'égoïsme, dont l'histoire ancienne nous a laissé d'aussi effrayants tableaux, joignez tous ceux non moins épouvantables dont fourmille l'histoire moderne. Oh! alors la plume se lasserait à peindre cette succession de forfaits sur lesquels sont placés les fondements de tous les grands empires, royaumes et républiques, qui subsistent encore aujourd'hui, et dont les premières pierres scellées avec le sang humain, sont autant de témoignages de la fureur de l'égoïsme. En vain, pour en déguiser l'horreur, l'histoire et la politique s'efforcent-elles de n'y voir que les pages des grandes phases ascensionnelles par où doivent passer les nations pour arriver à la civilisation des temps actuels; l'œil du philosophe se détourne avec dégoût de cet océan de misères, de deuil, de larmes, de sueurs et de sang humain, qui déborde à la surface du globe et fait honte à notre espèce.

A ces tableaux des plaies produites par l'égoïsme, depuis une longue suite de siècles, sur l'humanité entière, plaies toujours saignantes que le génie du mal s'efforce de rouvrir, faut-il joindre celles qui, pour être produites dans un monde plus resserré, dans un cercle plus étroit, n'en portent pas moins la désolation là où elles ont leur siége? Que devient la moindre association sous le souffle de ce monstre? Où aboutissent les sociétés les moins nombreuses, quand l'égoïsme de quelques uns en mine les bases? Que sera la famille, quels seront les rapports du père et des enfants, des frères et des sœurs, des parents en un mot, si un seul absorbe à son profit l'existence et le bien-être de tous? Tout se sépare, se divise, s'écroule et périt sous l'ignoble loi du *tout pour soi*. Avec elle, on étouffe au fond de son âme la passion du bien, ou ossifie son cœur pour éteindre les vouloirs de la vertu, la soif des grandes actions, les élans de la sympathie et du dévouement qui bouillonnent dans la conscience de tous ceux que la corruption de l'égoïsme n'a pas encore flétris. On déflore la jeunesse de ses plus précieuses qualités, l'enthousiasme et la sincérité; on imprime à l'âge mûr le cachet de la vieillesse, et l'on devient vieillard sans avoir senti, sans avoir vécu autrement que la chenille sur l'arbre. Est-ce ainsi qu'il faut comprendre l'amour de soi? L'homme doit-il sentir et penser comme la bête, qui n'a qu'un instinct grossier pour se conduire?... Voyez l'abeille laborieuse, la fourmi prévoyante, la fourmi, ce type de l'égoïsme raisonnable; voyez les castors industrieux, qui vivent en commun, se groupent en familles, s'associent pour s'assurer un bien être réparti ensuite entre eux tous avec la plus scrupuleuse justice; voyez le lion, ce roi du désert, le tigre, la panthère, tous ces animaux dont la cruauté est proverbiale; le loup lui-même, que la faim pousse à l'excès de la fureur la plus audacieuse : tous ont leur égoïsme instinctif, renfermé dans de certaines limites qu'ils ne dépassent jamais; tous ils ont l'instinct de la conservation porté à un très haut degré; mais chez tous cet instinct est balancé par celui de la nécessité des secours mutuels qu'ils se doivent dans mille circonstances, sous peine de rendre le premier nuisible ou tout-à-fait inutile.

Où trouver moins d'égoïsme brutal que dans le coq, ce symbole de la vigilance, ce modèle d'abnégation personnelle? que dans la poule, dont la tendresse maternelle n'a pas de bornes?

Connaissent-ils davantage l'égoïsme, ces oiseaux voyageurs dont les bandes nombreuses étonnent l'intelligence par leur prévoyance, leur ordre et leur discipline, dans leurs courses à travers les régions de l'air? Admirez comme les forts y protègent les faibles, comme ils secourent leurs malades, qu'ils n'abandonnent qu'à la dernière extrémité; comme ils se prêtent mutuellement le secours de leurs ailes. Ecoutez ce cri d'alarme que jette leur avant-garde, à l'approche ou au voisinage de l'oiseau de proie, ce tyran égoïste des airs, qui peut les attaquer : à ce signal, tous se serrent pour opposer la plus vigoureuse résistance; tous s'unissent pour se défendre, et l'on n'y rencontre jamais un lâche égoïste, abandonnant les siens au milieu du danger pour crier : *Sauve qui peut!* en cherchant le premier son salut dans la fuite.

Voyez toutes ces choses, réfléchissez, et comprenez les conditions que la raison et la morale imposent à l'exercice de nos passions naturelles. Le sentiment de notre dignité personnelle offensée ne s'exagère-t-il point jusqu'à la colère la plus brutale ? Qui niera que la colère ne soit un vice affreux, puisqu'elle peut conduire à l'homicide ? Qui sera assez fou pour justifier la colère, parce qu'elle ne serait, après tout, que le résultat du sentiment trop vivement perçu de cette même dignité personnelle ?

Quoi ! vous voulez tout pour vous, rien pour vos semblables, et, avec cette maxime née dans les cavernes de la barbarie des premiers temps, vous prétendez arriver au bonheur par les jouissances exclusives, accaparer la nature entière à votre profit, gaspiller honteusement ses dons pour en priver les autres membres de la famille humaine ? Mais c'est vouloir surpasser la bête fauve en férocité ! Ne comprenez-vous pas que vous êtes tous frères, que vous avez tous les mêmes droits, et qu'en vous les donnant Dieu, vous a placés tous sur un domaine assez vaste en terre, assez riche, assez fertile, pour qu'il y ait place pour tous à son soleil, nourriture, bien-être, jouissances pour tous par l'exploitation du fonds qu'il nous a donné en commun, non pour que le fort prenne la part du faible, mais pour qu'il l'aide, le protége, et la lui assure au besoin contre la fraude et l'injustice? Telle est la loi primitive, immuable, éternelle, de Dieu. S'il a placé dans le cœur de l'homme l'*égoïsme*, c'est que ce sentiment, maintenu dans les limites de la raison éclairée du flambeau de la morale, est un stimulant au travail par lequel seul il doit trouver sa satisfaction; et nous entendons par travail non seulement tout ce qui met en jeu nos forces physiques pour préparer, faire fructifier et assurer les choses destinées à soutenir notre existence matérielle au milieu de tous les obstacles qui l'assiégent, mais encore tout ce qui prépare, éclaire, instruit et affermit notre intelligence dans la connaissance et l'accomplissement des devoirs qu'imposent la condition d'être raisonnable, la souveraine justice, la famille, la société, la morale, les lois, la religion, les formes gouvernementales, en un mot tout ce qui constitue la perfectibilité de la vie intellectuelle. L'égoïsme, dans le sens que nous lui donnons, détruit tout cela. Aussi, à côté de l'égoïsme instinctif, Dieu a-t-il placé la raison et la sympathie pour lui servir de contre-poids. Seul, l'égoïsme divise les hommes, nous l'avons prouvé; mais, uni avec la raison et la sympathie, il forme une trinité qui assure la conservation personnelle de chacun, et identifie tous les membres de la société dans leur intérêt mutuel et réciproque : autrement, et nous l'avons également prouvé, l'égoïsme devient un fléau redoutable dont les mille suçoirs vont pomper et tarir partout les sources de la vie commune.

Écrivains, génies brillants, ne prêchez donc plus l'égoïsme. Vous avez une plus noble, une plus sainte mission à remplir, un plus précieux usage à faire de votre supériorité intellectuelle. N'est-ce pas assez de ruines comme cela? Dans ce grand naufrage que quelques hommes infernaux veulent faire faire au vaisseau social qui cherche en vain son gouvernail, songez au moins à sauver ses dieux! Loin de l'accabler de l'ironie de l'insulte, de l'insolence du sarcasme, ramenez-le dans la voie de la vérité : soyez les phares lumineux qui l'éclairent dans sa route incertaine ; faites luire sur lui le flambeau de la morale, et vous le verrez bientôt sillonner majestueusement l'océan prêt à l'engloutir, et voguer à pleines voiles vers ses véritables destinées !

Pour terminer sur un sujet qui demanderait à être traité par une plume plus exercée, plus savante que la mienne, permettez-moi, monsieur, de vous retracer ici une aventure de mon jeune âge, aventure qui m'a vivement impressionné alors, et qui, dans la suite, a souvent fait le sujet de mes réflexions. C'est à elle, au surplus, que je dois d'avoir essayé de flétrir un vice dont les funestes progrès menacent de tarir, dans toutes les consciences, les sources de la prospérité publique et privée, en étouffant les semences de vertus que Dieu a mises au cœur de tous les hommes, avec l'injonction sévère de les faire fructifier, sous peine d'être éternellement malheureux sur cette terre.

Jeune, j'aimais à diriger mes courses vagabondes à travers nos prairies et les routes mousseuses de nos bois. Souvent je m'enfonçais dans la belle et sombre forêt de Boursier, où tous les souvenirs de grandeur passée, d'antique sagesse des premiers habitants de Cluny, venaient se dresser devant moi, et faisaient revivre les mœurs d'un autre âge. La solitude sauvage de la vallée de la Grosne me charmait. Je me plaisais à suivre ses bords verdoyants dans leurs mille détours, à l'ombre de ses peupliers flexibles et de ses saules ondoyants, en lisant les ouvrages de ces hommes avides de science, dont le silence du cloître avait mûri le génie puissant. J'aimais Foitin, j'aimais le plateau de Bel-Air et la paix silencieuse du vallon de Lourdon, les débris de son vieux manoir, ses chênes vigoureux, ses bouleaux à la chevelure argentée, et ses vignes qui étalaient leurs pampres verts et leurs grappes dorées ; j'aimais la liberté et l'espace des champs, l'austérité pittoresque de nos montagnes ; et souvent, assis sur le vert gazon, j'écoutais la voix plaintive et solitaire de l'oiseau rappelant sa compagne. Beaux lieux où s'écoula ma jeunesse, combien de fois votre doux souvenir a rafraîchi mon cœur! combien de fois j'ai retrouvé, dans le fond de mes souvenirs, ces illusions de bonheur qui font tressaillir sous vos doux ombrages, et que le temps impitoyable détruit une à une loin du pays natal!

C'était un jour que je me promenais dans nos délicieuses campagnes, gravissant un de nos riches côteaux, d'où l'œil plonge sur les beautés les plus riantes de la nature, et découvre dans un immense rayon le plus varié des panoramas. Il m'arriva, qu'après avoir couru, comme un enfant, après des papillons aux ailes diaprées des couleurs les plus éclatantes, leur vol, mille fois suspendu pour caresser quelques fleurs que le zéphir balançait mollement sur leur passage, me conduisit, sans savoir par où j'y étais venu, dans un champ de verdure formant un moelleux tapis, dessiné en corbeille au milieu d'une forêt de ceps vineux. Le soleil touchait au terme de sa course. Ses derniers feux, lancés obliquement, allongeaient sur l'horizon leurs longs faisceaux de lumière orange-rouge, dont les teintes si vives font le désespoir de l'art. La cloche de l'antique monastère retentissait dans le lointain et allait se perdre de colline en colline ; aucun souffle ne glissait dans les plaines de l'air, et pourtant on aurait cru entendre soupirer, à travers les feuilles doucement frémissantes, la voix suave d'une prière religieuse.

Frappé de la beauté du lieu où je me trouvais transporté d'une manière presque féerique, je m'élançai, d'un bond, sur les verts coussins qui m'invitaient à m'asseoir, et je m'y étendis avec toute la nonchalance d'un gamin de septième qui veut se reposer sans gêne, loin de l'œil du maître d'études. J'étais dans la position de l'astronome Lalande pour étudier le cours des astres, de Lalande qui avait la force d'être athée sous le charme imposant d'une belle nuit d'été!!!... Que je me trouvais bien là ! quel ravissant spectacle! Tout autour de moi serpentait sur l'échalas noirci la vigne flexible, d'où pendaient, au milieu des feuilles, des milliers de grappes d'un raisin dont le grain velouté et bien rempli avait dû faire sourire d'espérance plus d'un Clunisois. A mes pieds, sous moi, une végétation luxuriante faisait briller, au dessus de l'herbe haute et drue, des myriades de renoncules aux pétales d'un jaune éclatant, de marguerites dont le disque étoilé ressemble à des faisceaux de lames d'argent soudées autour d'un bouton d'or. Au dessus de ma tête, le plafond imposant des cieux, sur lequel le jeu des lumières prismatiques du soleil couchant peignait, comme dans un mirage, de riants paysages, des rochers pyramidaux, des plaines avec leurs ondoyantes moissons, des mers que sillonnaient des vaisseaux, des lacs, des forêts immenses, des figures d'animaux gigantesques, fantastiques, qui, insensiblement, perdaient leur forme première pour se convertir en arbre, en montagne, en tour, en château fort. Les uns s'allongeaient en longues nappes de couleur, dont les teintes dégradées enfonçaient, ramenaient ou changeaient la perspective du magique et divin tableau qui fascinait mon regard, et finissaient par se fondre dans l'ensemble des nuances célestes.

Je renonce à décrire ce que j'éprouvais dans ce délicieux moment de tête-à-tête avec cette douce et belle nature. J'étais plongé dans une de ces extases contemplatives pendant lesquelles l'homme se sent tout imprégné de Dieu. J'ai souvent pensé, depuis, que c'était là une image, bien imparfaite sans doute, mais la plus vraie, de ce bonheur des élus dont l'apôtre Paul dit : Que *l'œil de l'homme n'a jamais vu; son cœur n'a jamais compris ce que Dieu garde d'ineffables délices aux mortels vertueux!!!*

Une heure à peine venait de s'écouler, que je fus tiré de mes rêveries philosophico-religieuses par le bruit que faisait une famille de vignerons qui venait se reposer sur ce même tapis de verdure où j'étais si mollement étendu. A son approche, je relevai la tête, et j'aperçus, au dessus de la rampe verte que formait la vigne, le buste d'un homme d'un modèle perdu, ou qu'on ne retrouve guère que dans nos contrées celtiques. Tel devait être celui des anciens patriarches, ou du vieux prêtre druide qui sacrifiait sur la pierre, au fond des forêts sacrées incendiées par Tibère. Celui qui venait devant moi était un beau vieillard dont la tête, majestueusement blanchie, portait noblement le poids des années. De ses grands yeux, de son visage animé, partaient comme des rayons d'une lumière magnétique, qui commandaient le respect et l'admiration pour la sévère beauté qui dominait l'ensemble de ses traits tempérés par un air de douceur tout évangélique. C'était la simplicité unie à la grandeur, la noblesse jointe à la bonté. Il tenait à la main un long bâton, semblable à celui avec lequel on peint Bélisaire. Derrière lui marchait un homme dans la force de l'âge, dont les bras nus annonçaient une puissance musculaire peu commune. Il tenait d'une main un broc rempli de vin, et de l'autre soutenait la marche d'une jeune et belle femme chargée d'un panier de raisins choisis, et destinés à former ces longs et riants chapelets qui pendent au plafond du pauvre comme du riche bourguignon. Deux jeunes enfants, à la face bouffie comme deux chérubins, complétaient ce groupe. Le plus jeune des deux courait après son frère, qui semblait le provoquer en lui montrant une belle grappe de raisin donnée par leur mère, et qu'il effleurait de ses lèvres rosées.

Le vieillard, l'homme et la femme vinrent s'asseoir sur mon tapis de verdure. Je me levai aussitôt pour les saluer, et me disposais à me retirer, lorsque, s'en apercevant, le vieillard me dit d'un air de bonté toute paternelle : « Pourquoi vous retirer, jeune homme? il y a place ici pour tous ceux qui veulent s'y reposer. Ne craignez pas d'être indiscret! et, si votre absence n'inquiète personne chez vous, demeurez avec ceux qui sont venus, comme vous, jouir du charme d'une belle soirée d'automne, et se reposer un moment des travaux de la journée. » Je balbutiais encore quelques mots de remerciments pour sa grâce obligeante, que déjà il avait rempli un gobelet qu'il me présentait gaiement. Je l'acceptai de même, et le bus d'un trait, à la santé de cette bonne et belle famille. « Bien! me dit le vieillard, maintenant que la connaissance est faite, vous êtes libre. La société des hommes âgés n'est pas toujours gaie ; mais j'ai là ma fille, mon gendre et deux marmots dont les jeux pourront vous distraire. » Pendant ce colloque, une altercation s'était élevée entre les deux frères. L'aîné, plus agile, ne se laissait jamais atteindre par le plus jeune, qui voulait sa part de la grappe de raisin qu'on lui montrait toujours sans la lui laisser toucher. Sa petite moue trahissait son petit dépit de voir à chaque instant son frère la dépouiller d'un grain qui disparaissait aussitôt pour être suivi d'un autre, qu'il s'efforçait vainement d'empêcher de prendre la même route. Fatigué de cette lutte inégale, il finit par pleurer en réclamant sa part de la grappe veloutée, et en appelant sa mère pour l'obtenir. Celle-ci les fit venir tous deux, prit le plus jeune sur ses genoux, essuya ses larmes, et dit à l'aîné, qui se tenait confus à quelque pas d'elle, de satisfaire à la demande de son jeune frère. Mais l'enfant s'obstinait à vouloir tout garder, et répétait sans cesse : « Ma mère, c'est à moi que tu l'as donné! c'est pour moi! — Assez, petit égoïste, dit le vieillard, qui jusque-là s'était contenté de leurs doléances; c'est mal à toi de ne vouloir partager avec ton frère ce que ta mère t'a remis pour vous deux! Donne-lui sa part, et, pour te punir de ton mauvais cœur, je vais prendre la tienne, que je ne te rendrai que quand tu seras plus sage. » L'enfant obéit, et se tut. Ce nuage de tristesse se dissipa promptement, et bientôt nos deux lutins reprirent leurs jeux bruyants sur le gazon.

« Voilà pourtant, dit le vieillard en se tournant de mon côté, un des premiers symptômes d'un mal qui a fait plus de victimes humaines que tous les fléaux ensemble. Ce sont là les premiers bourgeons de l'égoïsme, tant vanté de nos jours comme moyen de succès dans le monde. Laissez cette mauvaise herbe germer dans le champ social, et bientôt elle en aura fait un vaste désert, où les bêtes fauves seront moins cruelles que les hommes! » Je fus frappé de la profondeur de cette réflexion si grave sur un sujet aussi léger; mais ce vieillard était un homme vraiment sage! — Les enfants, après avoir bien joué, bien couru, revinrent se placer près de nous. L'aîné prodiguait mille douces caresses à son jeune frère, qui fut vite se jeter dans les bras de sa mère, tandis que le premier priait son grand-père de lui raconter quelque histoire. « Tu sais, disait-il, *père*, une histoire comme tu nous en racontes toujours ici l'été, ou au coin du feu l'hiver. — Je le veux bien, si cela peut te faire plaisir et te corriger surtout; car rien ne dispose plus les enfants à mépriser leurs devoirs que de rapporter tout à eux en oubliant leurs frères, comme tu viens de le faire. — Mais, mon jeune ami, me dit-il, cela ne sera guère intéressant pour vous! — Je l'assurai que j'aurais le plus grand plaisir à l'entendre.

Le vieillard commença donc en ces termes :

En ce temps-là, un homme passait sur la grande route. Il faisait bien froid.

Sa main, engourdie par la bise qui soufflait, avait peine à tenir un bâton sur lequel il s'appuyait en marchant. Ses souliers, que maintenait une ficelle mal nouée autour de ses jambes affaiblies, laissaient voir, à travers de larges déchirures, l'extrémité violacée de ses pieds nus. Son vêtement, mille fois déchiré, le protégeait à peine contre la rigueur de la saison.

Un voyageur vint à passer, et il dit à ce voyageur : Frère, la faim me dévore ! un peu de ce pain que je vois à travers les mailles de ton carnier pour apaiser ma faim ! un peu de cette liqueur contenue dans la gourde qui pend à ton cou pour étancher la soif qui me brûle !

Et le voyageur, sans l'écouter, lui dit : Passe au large !..... ce n'est pas sur une grande route qu'on demande l'aumône ! Et il lui répondit : Frère, donne-moi au moins ton bras pour gagner l'hôtellerie voisine, ou je sens que je vais mourir ! Assez ! lui répliqua le voyageur, ton insistance me fatigue. Puisque nous faisons même route, choisis le côté que tu voudras, et songe que je ne veux plus te voir auprès de moi.

Et il doubla le pas pour l'éviter.

Alors l'homme que la faim étranglait, que la soif dévorait et que la fatigue brisait, s'éloigna en soupirant. Il se traîna jusqu'au bord opposé de la route, et tomba épuisé de fatigue. Il était là, gisant sur le sol que couvrait une neige durcie, quand vint à passer une riche voiture, traînée par quatre vigoureux chevaux, conduite par un domestique à la livrée éclatante.

A travers les glaces transparentes, on distinguait, mollement étendu sur des coussins soyeux, un seigneur au vêtement doublé d'hermine, qui, d'une main, caressait un beau lévrier placé à son côté.

Le valet, voyant le pauvre voyageur étendu sur la route, s'arrêta tout court, et dit, en abaissant une des glaces : Maître ! un homme est là, couché sur la neige ; il se meurt. Et son maître répondit sèchement : Que m'importe ! relève cette glace par où le froid me saisit, et pousse tes chevaux.

Et le valet releva la glace, et, fouettant ses chevaux, partit au grand trot.

Et l'homme qui le vit faire ainsi, murmura : Cœur sec et sans pitié ! mieux vaudrait pour moi la condition du chien dont tu me refuses la place !

Et il retomba plus accablé qu'auparavant.

Un enfant passait, qui portait un vase dans lequel il y avait du lait : il entendit les gémissements du voyageur, et il s'approcha de lui et vit qu'il pleurait.

Homme, dit-il, pourquoi pleures-tu ?

Enfant, dit le voyageur, j'ai faim ! et personne ne veut me donner à manger ! J'ai soif, et personne ne veut me donner à boire ! Je suis exténué de fatigue, et personne ne m'offre le secours de son bras !

Attends, dit l'enfant, ma mère est là qui me suit et qui voudra te secourir.

Et la mère était près d'eux.

Mère, dit l'enfant, cet homme a faim et soif ; si je lui donnais ces noix avec lesquelles je joue, ce lait que je porte et que tu prends pour ton plaisir ?

Et la mère répondit à l'enfant : Marche devant moi, et ne t'occupe pas de ce mendiant. Les noix que je t'ai données, je les ai achetées ; le lait que tu portes, je l'ai chèrement payé, et il me suffit à peine.

Et elle le poussa rudement devant elle.

Et l'enfant, rudement poussé, tomba ; le vase dans lequel était le lait fut brisé, et elle se mit dans une grande colère et le battit, parce qu'il avait cassé le vase et répandu le lait qu'il contenait, et qu'elle fut obligée de retourner en arrière pour s'en procurer d'autres.

Pauvre ange! soupira le voyageur, on te maltraite parce que tu veux être humain !

Et il perdit tout-à-fait connaissance.

Un homme vint encore à passer, et celui-là était grand et fort, et il marchait d'un pas décidé. Il vit le voyageur ne donnant plus aucun signe de vie. Cet homme est mort, pensa-t-il, ou à peu près ; à quoi lui sert son bâton ? J'ai une longue route à faire ; il me sera plus utile qu'à lui. Et il lui prit son bâton et passa outre.

Un autre survint, qui était un voleur de grands chemins, et il vit également le voyageur gisant sur la terre glacée. Oh! oh! dit-il, voici un vêtement qui me servirait à merveille pour dérouter les nombreux gendarmes qui sont à ma poursuite. Si je dépouillais ce cadavre? Et il le dépouilla, se revêtit de ses habits en lambeaux, jeta les siens sur lui en s'éloignant le plus vite qu'il put. Et les gendarmes étant venus crurent reconnaître à ses vêtements le voleur qu'ils cherchaient, s'emparèrent de sa personne et l'emmenèrent péniblement à la ville voisine, où il fut jeté dans un cachot en attendant son jugement.

Et comme il ne put se justifier, les juges le condamnèrent à la place du scélérat qui l'avait dépouillé!...

Le vieillard finit là son récit, se leva, et, suivi de sa famille, s'éloigna en jetant sur moi un regard profond. Je le compris. Il venait d'encadrer dans cette parabole le développement de sa réflexion première sur l'égoïsme. Jamais je n'oubliai cette haute leçon de morale. La voix de ce sage retentit toujours à mon oreille comme le jour où je l'entendis pour la première fois. Je me sentis comme électrisé et m'écriai : Ce vieillard a dit vrai ! Non, l'égoïsme ne connaît pas de bornes dans ses dévastations : il corrode tout, façonne à tous les crimes, étouffe le moindre cri de la conscience. Malheur à celui qui ne saurait pas dire au voyageur égaré, à l'orphelin trahi par un tuteur avide : Frère ! viens t'abriter sous mon toit, viens t'asseoir à mon foyer, sèche tes larmes ! tiens, frère, bois et mange ! Ne me remercie pas ; je suis si heureux de t'offrir l'asile que tu n'as point, le pain dont tu manques, toi qui as faim, des vêtements pour remplacer les tiens, un lit pour reposer tes membres brisés par la fatigue, à toi que le soleil levant a trouvé tant de fois étendu sur la terre humide ou la pierre dure des montagnes !!!...

Malheur à lui, l'égoïste ! il ne connaît pas même la pitié. Ses jouissances exclusives sont brutes et grossières comme lui. Il a tué son âme pour matérialiser sa vie ; il est semblable à l'animal immonde qui se vautre dans la fange et s'engraisse à l'auge !!!

Quand les détours tortueux du sentier tracé à travers les vignes m'eurent fait perdre de vue cette honnête et noble famille, quand je n'entendis plus les éclats de joie enfantine des deux chérubins qui, un moment auparavant, réjouissaient ma vue, je devins triste. Je voulais courir après eux, je voulais joindre ce bon et vertueux vieillard, et le prier de me permettre de venir encore en ce lieu pour l'entendre davantage. Puis je m'écriai: Heureux enfants! la vertu a choisi son séjour dans la demeure paisible de vos pères; vous grandirez en sagesse et en force, loin du souffle empoisonné du vice. Puissiez-vous ne jamais ternir au contact des villes ni votre innocence native, ni les précieux trésors de morale que vous recevez déjà dans vos cœurs! Gardez ces précieuses semences pour qu'elles portent les fruits qu'elles tiennent cachés dans le parfum de leur essence. Un jour, elles aideront à étouffer cette race impure d'hommes sans cœur ni âme, qui ne sont sensibles qu'à ce qui les touche personnellement. Sous les coups qu'ils leur porteront tomberont, comme sous la faux du moissonneur, ces petits et ces grands cafards, vendeurs d'aumônes à leurs portes, dont l'égoïsme, sous le manteau de Vincent de Paule, sait faire de la misère un moyen de tripler leurs capitaux ; ces disputeurs qui, avec deux lignes de son écriture, se chargent de faire pendre un honnête homme ; ces adroits voleurs dont la langue effrontée professe cette horrible maxime : *La fortune des sots est le patrimoine des gens d'esprit!*.... Ces frères, ces amis, qui trompent et dévorent leurs frères et leurs amis ; ces embrouilleurs d'affaires qui vivent de la ruine des clients; ces délégués, ces députés, qui trahissent leurs commettants; ces vendeurs de places, de droits, d'honneur, de gloire, faiseurs de honteux marchés, dont leur égoïsme ne garantit même pas la sûreté ni la fidélité!

Ah! monsieur, laissons la justice parler haut et fort pour flétrir la corruption générale, pour dessiller les yeux aveuglés par le stupide intérêt de *l'amour de soi avant tout autre.* Les gémissements des chacals et des hyènes punis doivent la trouver sourde. Travailler à leur perte doit nous paraître, à nous, un noble et grand acte d'humanité.

SOUVENIR DE BREST.

Le jour était près de finir, le soleil jetait son dernier reflet sur Brest. Ce soir là, assis sur une élévation, je contemplais ce roi de l'Océan breton, qui toujours m'apparaît comme le géant des mers entouré de ses bastions défendus par des milliers de bouches à feu, couronné par un château massif, dont les fortifications majestueuses en imposent au spectateur. Dans le lointain on aperçoit la montagne de Menès-Cum, les grèves de Plougastel et de Crozon, le vaste rocher de marbre noir de l'Ile-Ronde. C'est là, que l'antique promontoire de *Gobée* élève son front granitique vers le ciel et réclame avec orgueil la prééminence sur cette plage où le mugissement des flots remplit l'âme d'une irrésistible mélancolie.

Brest est défendu par son château, et par des batteries formidables qui commandent toute la rade, et mettent à l'abri les vaisseaux, les magasins, l'arsenal, le bagne, la corderie, les forges, la machine à mâter et les bassins de constructions où les armements s'exécutent; c'est là que se font tous les grands travaux, où sont construites ces masses imposantes qui dominent l'Océan! C'est là que toute la population s'agite, court, se heurte; elle offre le mouvement, la rapidité, la confusion d'une fourmilière qu'un enfant vient d'éparpiller. Tel est en masse le port de Brest, la *Brivates-Portus* de Ptolémée, la *Gésobribate* des Romains.

Dans la rade on voit la masse imposante des vaisseaux à trois ponts, la légèreté des frégates, des bricks, des corvettes, des bâtiments à vapeur qui coupent comme un trait la surface de l'onde; des chaloupes, mille canots en mouvement pour le service de la place ; cent pavillons flottants au gré des vents; des milliers de voix, des cris, des sifflements qui se confondent, le bruit du canon roulant sur le rivage, sont un des plus grands spectacles que l'homme puisse se procurer. Il y a des ports plus imposants, des rades plus vastes; jamais d'aussi sûrs, d'aussi bien défendus. C'est le premier département de la marine, une des clefs de la France, le plus grand théâtre de sa force et de sa puissance maritime.

J'ai vu cette rade couverte de vaisseaux illuminés. Qu'on imagine l'éclat d'une lumière étrangère à la voûte du ciel, ce sont des traînées de feux qui vont mourir à l'horizon, des promontoires éclairés, qui se reflètent dans les flots ; auréole lumineuse, dont chaque navire est le centre? Le Vésuve, éclairant la nuit les rivages de Cume, les îles et le vaste bassin de Naples ; l'Etna, versant sur la Sicile les torrents d'une lumière ardente, peuvent seuls nous donner une image du spectacle que je n'ose décrire.

La position avantageuse du port de Brest fait présumer qu'il fut fréquenté de tout temps par les flottes puissantes des Vénètes, des Curiosolites, des Ossismiens, qui s'y reposaient en revenant des longues courses qu'elles faisaient vers le nord.

On prétend que Jules César y fit bâtir une tour; elle fait partie du château : on la nomme *Tour de César*. Suivant la notice de l'empire, dressée sous les enfants de Théodose, les Romains avaient des garnisons à Rennes, Vannes, Brest et Ossismor.

En 1065, Conan, deuxième duc de Bretagne, fortifia le château de Brest et fit bâtir l'église de la Trinité.

En 1289, Hervé-de-Léon donna la ville et le château de Brest au duc Jean Ier. Ce traité fut passé à l'abbaye de Sainte-Croix de Quimperlé.

En 1373, Brest était sous la domination des Anglais.

En 1395, Richard II, roi d'Angleterre, occupait la ville et le château de Brest, pour la garantie d'une somme de 12,000 écus qu'Édouard, son aïeul, avait prêtée au duc de Bretagne ; il remit cette place à Jean V, qui lui remboursa cette somme.

En 1631, le cardinal de Richelieu fit creuser un port, forma une marine militaire, et fit de la France une puissance navale. — Colbert, appela des constructeurs de la Hollande, ses forgerons vinrent de la Suède, ses cordiers de Riga, d'Hambourg, de Dantzick. On construisit bientôt des vaisseaux aussi beaux qu'on pouvait l'espérer d'un art qui n'était point arrivé à sa perfection. Auparavant, les escadres françaises n'étaient composées que d'une multitude de bâtiments différents qui ne pouvaient combattre d'une manière uniforme. Les uns ne se mouvaient qu'avec des rames et avaient besoin d'une mer calme pour combattre, les autres par l'action du vent que l'art n'avait point appris à maîtriser. Richelieu et Colbert furent les créateurs de notre puissance maritime ; alors parut cette succession de héros qui firent respecter le pavillon français sur toute la surface des mers.

La pointe Saint-Mathieu forme l'entrée du *Goulet*, là, la batterie du *Mingan* se croise avec celle de la *Cornouaille* et protége l'entrée de la rade. Le *Mingan*, rocher redoutable, coupe en deux parties le Goulet. C'est là que, le 10 août 1513, les Anglais, forts de quatre-vingts vaisseaux, attaquèrent Primoguet, qui n'avait que vingt navires sous ses ordres. Dans ce combat inégal, il coula plus de la moitié de la flotte anglaise en se couvrant de gloire. Le feu prit à son bâtiment, mais l'intrépide marin veut mourir à son poste, et rendre sa mort glorieuse pour son pays et nuisible à la perfide Albion. Il s'accroche au vaisseau amiral, y met le feu, et aux cris de vive la France! les deux bâtiments sautent. Plus de deux mille hommes, et Primoguet lui-même, périrent par ce trait héroïque du brave capitaine breton.

C'est sur la pointe Saint-Mathieu (l'ancien promontoire de Gobée) que les mères, les enfants, les amis, les amantes fondent en larmes au départ des vaisseaux qui sortent pour la guerre ou des courses lointaines. C'est là qu'on les attend, qu'on les salue quand le canon annonce leur retour. C'est là qu'après une victoire, on entend des chants, ou qu'on pleure sur les victimes que le destin des combats a livrées à la mort. Impatience, cris d'allégresse, mouchoirs agités, marche précipitée, inquiétude, battement de cœur; tout genre de sentiment et d'émotion que le cœur détermine, se manifeste sur ce rocher aride et solitaire, sur ces routes momentanément animées. C'est encore sur ce rocher que les femmes et les filles, les cheveux épars, ornées de bouquets de fleurs, les yeux et les bras élevés vers le ciel, chantent :

> Goëlans, goëlans,
> Ramenez-nous nos maris, nos amants.

Cet usage sentimental, cet appel aux oiseaux, n'a rien des temps modernes. Il nous transporte aux âges reculés où nos pères prêtaient une âme, de l'intelligence aux volatiles, qu'ils croyaient les ministres légers de la volonté des dieux, et l'enveloppe ailée de nos aïeux, punis par la métempsycose, des fautes qu'ils avaient commises.

Quand je me suis trouvé sur ces grèves sauvages, toujours battues par les tempêtes, sous un ciel noir et rigoureux, entourées de falaises granitiques, de sables, d'algues, de varechs arrachés à l'Océan et jetés sur la plage, n'ayant pour compagnons que les oiseaux de mer qui sifflent en dessinant des cercles dans les airs; j'aimais le silence qui règne sur ces vastes côtes, le léger murmure des vagues, qui s'avancent et se retirent, montent pour descendre, descendent pour monter, se jouent ou s'irritent, se courroucent, gonflent, mugissent, écument et se brisent sur le rivage qu'elles ne peuvent engloutir. J'aimais cet aspect mélancolique; la tristesse de ce séjour convenait aux dispositions de mon âme. J'aimais l'âpreté du climat, et ces nuages sans cesse chassés par des vents impétueux qui m'offraient des accidents et des effets de lumière d'une variété infinie. Et quand le calme du soir n'était interrompu que par le chant des matelots ou le sillage de leurs bateaux, assis sur le vieux promontoire, j'aimais, spectacle toujours nouveau, toujours sublime, dans ces immenses tableaux, j'aimais à voir le roi du jour, dans toute sa pompe, se plonger, se rafraîchir dans le sein des ondes.

La Bretagne est une médaille précieuse à consulter. Aucun bouleversement, aucune conquête n'a pu changer ses idées, ses mœurs, ses coutumes. Le christianisme n'a pas détruit le druidisme qui devança toutes les religions du monde. La langue primitive que les Bretons ont conservée n'a pas permis dans ce dernier coin de la terre la circulation des lumières et l'introduction de la philosophie. César ne fit qu'y paraître. Elle secoua la première l'oppression et le joug odieux de l'empire romain. Elle céda sous Clovis et Charlemagne sans se rendre. Elle vainquit les autres rois qui tentèrent de l'asservir. Que dans un autre siècle le combat de la vanité bretonne contre l'amour-propre français ait enfanté des haines et des divisions; qu'on ait soldé des écrivains pour combattre l'histoire, les droits, les priviléges des Armoricains; que le ridicule soit tombé sur cette nation dégradée sous le sceptre des rois de France, qu'elle-même ait adopté les principes par lesquels on voulait l'avilir, je le conçois. Mais les conquêtes des vieux Celtes, l'antique science des druides, le commerce et les colonies des Vénètes, l'étendue de leurs courses et de leurs possessions, l'état de leur marine à l'époque où celles des Phéniciens, des Carthaginois n'étaient composées que de barques et de radeaux, l'Angleterre peuplée par eux, leurs victoires sur les rois de France, les lois et la sagesse de leur gouvernement, la vertueuse fierté de Judicael, la valeureuse intrépidité de Vurfandus, la bataille des trente, Clisson, Duguesclin qui rendit à la France morcelée, conquise, divisée, sa force, sa grandeur et son lustre, parleront toujours en sa faveur.

Le peuple de la Bretagne est fin, ingénieux, hospitalier, intelligent et fort de caractère. En général il a une raison solide; susceptible de reconnaissance, sensible aux mauvais procédés, méchant dans l'ivresse, morne dans son état habituel, intrépide, obéissant, bon soldat, ne reculant jamais quand il est traité avec douceur, voilà le peuple breton.

L'habitation des laboureurs est à peu près partout la même, presque toujours située dans un fond près d'un jardin. Un appentis couvert de chaume conserve les charrues et les instruments du labourage. On n'y voit point de granges ; une aire découverte sert à battre les grains, qui se déposent dans les greniers de la maison. Autour des bâtiments règnent des vergers, des champs, des prairies toujours entourées de fossés couverts de chênes, de frênes, d'épines blanches, de ronces, de genêts. Mais au milieu de ces sites pittoresques vivent les individus les plus sales, les plus grossiers et les plus sauvages, dont la cahute sans jour est pleine de fumée. Le mari, sa femme, ses enfants, en occupent une partie qui est partagée par une claie ; l'autre contient tous les animaux de la ferme. Une seule fenêtre de dix-huit pouces de hauteur leur donne un rayon de lumière qui éclaire un bahut sur lequel une énorme masse de pain de seigle est posée sur une serviette. Deux coffres sont établis le long du bahut qui sert de table à manger. Des deux côtés d'une vaste cheminée sont placées de grandes armoires sans battants, où sont les lits dans lesquels la famille couche. Le reste de leurs ustensiles de ménage est composé d'écuelles de terre, de plats d'étain, d'une poêle et de quelques pots à lait. La terre n'est ni pavée ni carrelée. Imaginez la malpropreté, l'odeur, l'humidité, la boue, qui existent dans ces demeures, l'eau de fumier qui y pénètre et en défend l'entrée ; ajoutez à tout cela la gale héréditaire des pères et des enfants qui ne se lavent jamais, et vous aurez l'idée d'un paysan breton.

Le riche peut à peine se procurer du bois, le pauvre ne peut se chauffer ; il ne fait cuire ses grossiers aliments qu'avec des landes ou de la paille. Sa nourriture est une bouillie d'orge et d'avoine, rarement de blé. Il ne boit qu'une eau fade et saumâtre. Vous connaissez leur pauvreté et leur demeure enfumée, voilà leur existence.

Quand vous avez lu, dans les récits des voyageurs, la description de la vie malheureuse des habitants de la Terre de Feu, des infortunés qui végètent sur les rochers de la mer du Sud, des Lapons ensevelis sous la neige et nourris de poissons corrompus, vous vous êtes écrié : O France ! heureux celui qui naît dans ton sein !... Vous ignoriez la misère, l'état et la vie des habitants des côtes de la Bretagne.

On ne trouve sur les bords de la mer que des teints noircis, ridés, sillonnés par la sécheresse de l'air, la violence des vents, les travaux de la journée, ceux plus rudes de la nuit. Imaginez les peines et l'état des pauvres femmes, obligées dans les nuits d'hiver, au milieu des tempêtes et des fureurs de l'Océan, dans une obscurité profonde, sur un rocher glissant, la moitié du corps dans l'eau et suspendues sur l'abîme, pour saisir avec un rateau le varech que la mer apporte..... Là, ruisselantes d'eau et de vase, elles sont obligées de réunir, de presser cette masse infecte de plantes marines, et de la conduire à l'aide de longs bois ferrés à travers les écueils. Souvent les cordes se rompent, et ces malheureuses s'abîment dans les flots et s'y noient. Si elles se sauvent, c'est avec des efforts et des dangers inouïs. Je ne sais si je communique au lecteur l'impression dont je suis affecté, mais des positions de la vie, celle des Bretonnes me paraît une des plus cruelles. — Pauvres humains, par combien de misères sont coupées vos tristes journées!

Quand les grands mouvements, les variétés de l'Océan, ses tempêtes, ses mille reflets, au lever et au coucher du soleil dont les rayons jettent de magnifiques teintes sur les falaises pelées, cessent de vous occuper, rien n'est curieux comme de parcourir ces rivages, d'y être témoin des moyens que l'homme emploie pour aider à sa subsistance. Il fait bon voir dans le lointain les voiles blanches de plus de deux mille bateaux dispersés le long de l'horizon, pour y pêcher la sardine qui s'y trouve par bancs monstrueux. Pendant ces travaux en pleine mer, l'un, sur un pic isolé, une ligne à la main, tend un appât perfide au poisson ; l'autre, au milieu des flots agités, armé d'un croc, parcourt le creux des rochers pour y prendre les homards et les langoustes. Sur la plage, les femmes recueillent dans des paniers les crevettes et les coquillages variés qu'offrent les sables.

L'influence de la noblesse va toujours en diminuant en Bretagne. Sans instruction, elle s'agite dans des masures démantelées, exhalant une odeur de bétail et de fumier ; elle clabaude, hébétée qu'elle est, dans son impuissante haine contre les jeunes idées qui, dans leur course rapide, entraînent tout après elles.
— La bourgeoisie solitaire, ennuyée, maussade et toujours occupée de quelque ignoble soin, race sobre et chaste par avarice, vit chichement ; n'ayant plus les lumières de l'instinct, elle n'a pas encore celles de l'éducation, ne sait rien de ce qui se devine, et rien de ce qui s'apprend ; son occupation est d'être à la piste de tout emploi salarié, quelque chétif qu'il

soit. — Le peuple, placé entre la noblesse en dissolution et l'informe bourgeoisie, les surpasserait en dignité s'il avait l'intelligence de ses vertus.

Les mariages offrent encore dans les campagnes d'intéressants rapports. Le mari, dans certains villages, enlève sa femme; ailleurs il la cherche souvent pendant trois jours. Dans beaucoup d'endroits, les époux, les garçons et les filles d'honneur, couchent ensemble la première nuit. Dans certains cantons, après avoir conduit dans le lit nuptial les époux, le garçon d'honneur, le dos modestement tourné, tient une chandelle à la main, et ne disparaît que quand elle lui brûle les doigts. Ici, l'on allume deux cierges au moment du mariage : on place l'un devant le mari et l'autre devant la femme. La lumière la moins brillante indique celui des deux qui doit mourir le premier. Là, le plus grand nombre des époux n'approche de leurs femmes que quatre jours après la noce. La première nuit est à Dieu, la seconde à la Vierge, la troisième au saint patron du mari, qui n'approche sa femme que la quatrième.

Les tailleurs sont les entremetteurs de presque tous les mariages sous le nom de *Bas-Vanal*. Pour réussir dans leurs demandes, ils portent un bas rouge et un bas bleu. Ils rentrent chez eux, s'ils rencontrent dans leur route une pie, c'est un signe de mauvais augure.

Dans l'île d'Ouessant les filles font les démarches nécessaires à leur mariage; elles vont demander à dîner à la famille de leur prétendu. Pour toute réponse, ce dernier conduit au cabaret le père de celle qu'il aime. Le mariage, après cela, n'a plus besoin que des formalités indispensables. — Dans le canton de Kernevet on donne des noisettes à la mariée; la double enveloppe qui renferme leurs fruits est l'image de l'enfant dans le sein de sa mère. — A l'île de Bas, à Roscoff, sur la côte de Pontusval, le mariage est un accord, sans amour, sans amitié, sans confiance. Tout autre sentiment que l'intérêt meurt ici.

A Plougasnou les filles à marier se demandent en vers. Quatre hommes, vêtus de blanc, portent sur une civière une soupe aux mariés ; tandis que quatre autres portent des serviettes, en feignant de les essuyer. On présente au nouveau couple du pain coupé par morceaux et réunis par un fil qui les traverse ; ils sont l'emblème de l'union conjugale. — Dans beaucoup d'autres lieux de la Bretagne, c'est par un discours que se fait la demande. Les *discoureurs* y font assaut d'esprit, l'un pour l'obtenir, l'autre pour défendre la belle. — Le *demandeur* se rend chez la fille, il fait un compliment à tous ses parents, implore pour eux les faveurs du ciel, des jours de rose et les délices d'une autre vie. — *Le disputeur :* Votre salut nous plaît, il charme les vieillards et les jeunes gens ; il est bien malheureux que ce que vous cherchez ne se trouve plus dans ces lieux. Le vase de parfums n'est plus, nous n'avons que des pots de terre à vous offrir. Une inspiration du ciel nous a ravi ce que nous chérissions ; cet ange a fait serment d'abandonner le monde et de consacrer à son Dieu, dans la solitude du cloître, son bonheur et sa virginité. Elle renonce à l'homme, perfide, inconstant et traître. L'ingratitude habite sur la terre, on n'y recueille que des pleurs. — *Le demandeur :* Quand nos chiens ont perdu la première voie, mauvais chasseur qui se retire. Je reviens, et vous demande l'objet d'un éternel amour. Celui qui la recherche n'est pas fait pour qu'on le refuse. Quand sa charrette se renverse en un chemin mal aplani, seul il sait la retenir. — *Le disputeur :* Celle que vous demandez n'a pas moins de mérite. Si vous voyez avec quelle souplesse elle porte en ville le lait qu'elle-même a tiré! Jamais jeune homme ne se flatta d'avoir obtenu d'elle un seul regard; et quand la danse est commencée, elle tient d'une main sa mère et de l'autre son amie. — *Le demandeur :* Pourquoi, quand je vous fis sentir le motif de ma visite, m'avez-vous laissé l'espérance?... Mais vous me trompez! celle que je cherche est ici, si elle fût sortie, tout le village l'eût retenue... L'if est fait pour les lieux écartés, mais un beau lis est l'ornement des jardins.

Conduisez celle que je demande, et nous l'asseoirons à la table de l'union à côté de son amant, en présence de ses parents. — *Le disputeur* : Je cède à votre persévérance. Je vais vous présenter celle que vous demandez. (Il amène une vieille.) Est-ce cette rose que vous cherchez ? — *Le demandeur* : A la figure respectable de cette femme, je juge qu'elle a bien rempli sa tâche dans ce monde, que son mari, ses enfants et tout ce qui vit à côté d'elle est heureux, mais elle a terminé ce que l'autre doit commencer. (On amène une jeune veuve.) On ne peut être plus jolie ; cette figure de santé, de jeunesse, ce port droit et flexible, cette démarche aisée, m'annoncent une vierge aimable, mais en l'examinant avec attention... ce doigt usé par le frottement me fait connaître que fort souvent elle a cherché dans un pot de terre la bouillie qu'elle donnait à ses enfants. (On amène une enfant de dix ans.) Voilà ce qu'était, il y a huit ans, celle que je désire. Un jour cette belle enfant fera le bonheur d'un époux, mais elle doit rester long-temps encore sur l'espalier maternel, l'autre n'attend qu'une corbeille pour être portée sur la table du festin nuptial. — *Le disputeur* : Vous triomphez, voilà celle que vous cherchez, parée de ses vertus... Allez chercher celui qui l'aime, et nous les placerons tous deux à table, au bout du banc. Puissent-ils être heureux ensemble, et mériter la bénédiction du ciel et de leurs parents ?

Dans les noces, le veau, le bœuf, le far, le vin et l'eau-de-vie y sont prodigués. On s'y enivre au son du beniou, des tambourins et des bombardes. On chante des chansons fort gaies sur des airs pleins de vivacité. Peut-être a-t-on imaginé dans les temps primitifs de stimuler ce peuple dont les mouvements ont trop de lenteur, par des airs vifs; car la musique doit entrer pour beaucoup dans l'éducation des hommes.

Je laisse au lecteur le soin d'apprécier les Bretons. Mais il ne pourra disconvenir qu'ils ont une originalité, des tournures, une simplicité, de la finesse, qui ne se trouvent point chez un peuple grossier.

On ne peut remonter à l'antiquité des communes de la Bretagne, elle se perd dans la nuit des temps. Les contes placés à la tête de toutes les histoires de l'Europe, se trouvent ici plus qu'ailleurs. Tous les préjugés y sont professés. Les rêveries dominent les Bretons. Ils vivent au milieu des ombres, des démons, des fées, des revenants et des sorciers. Ils les voient le jour, la nuit, sur les mers, dans les airs, sur les nuages. Partout on racontait des histoires de revenants et des miracles, qui chargent d'erreurs le cerveau des enfants. Quand on fausse l'esprit d'un peuple par des récits extravagants, on doit s'attendre à des sottises. Avec cela, comment atteindre cette pureté d'idées, de principes, de raison, réclamée de toute part ? Cependant les jeux de l'imagination me séduisent, quand ils ont quelque chose de brillant. J'envie l'émotion douce et religieuse de l'être qui, dans les nuages, croit entrevoir l'ange consolateur qui peut soulager sa misère, protéger ses enfants, conserver son vieux père et l'arracher des portes de l'enfer. Je m'émeus, je verse des larmes, je suis alors tenté de blâmer la raison qui détruit chez moi l'empire des chimères et des doux mensonges.

Je termine cet aperçu sur la Bretagne par l'amas d'extravagances qui prêtent tant aux rêves de l'imagination de ce peuple. Chaque pays a sa folie, cette nation les a toutes.

Jules César nommait Saint-Pol-de-Léon la cité des *Ossismiens*. Les Romains l'ont ensuite nommé *Legionensis - Pagus*. Les légendaires, *Occismor*.

En 492, saint Pol naquit en Angleterre. Les saints terminent leur carrière par des miracles; Pol en fit un au collége. Les oiseaux ravageaient les champs de son maître, il les conduit au monastère. Saint Hydultus, indulgent et généreux, les réprimande et leur donne sa bénédiction. Ils s'envolent reconnaissants. — La sœur de Pol vivait dans un couvent que baignaient les eaux de la mer. Il commande aux flots de s'éloigner, ordonne à sa sœur et à ses compagnes de ranger des cailloux sur le rivage. Ils s'élèvent, ils sont bientôt des rochers menaçants capables d'arrêter la mer et ses fureurs.

En 517, Pol quitte sa patrie. Porté sur les flots, il arrive à l'île d'Ouessant. De là il se rend à l'île de Bas ; en s'y rendant, il s'amuse à guérir trois aveugles, deux muets, un paralytique, en les touchant de son bâton. A l'arrivée du saint, le comte de Guythure, qui en était gouverneur, désirait une *clochette* que le grand roi Marc d'Angleterre avait la malice de lui refuser. Par ordre de Pol, un poisson l'avale et l'apporte au comte. — Il y avait alors dans l'île de Bas un dragon monstrueux qui dévorait les hommes et les bêtes. Saint Pol se rend à sa caverne, il ordonne au dragon de paraître : le monstre sort en sillonnant la terre de ses écailles, et en poussant d'affreux sifflements ; mais, enchanté, il rampe jusqu'à la pointe nord de l'île, où, d'un coup de bâton, le saint le précipite dans les gouffres de l'Océan. Ce lieu s'appelle encore *Toull-ar-Sarpant*.

Quimper était la capitale de la Cornouailles. César la nommait *Curiosolitum*. Avant la révolution de 89, les femmes de Quimper qui avaient leur mari en mer allaient balayer les églises et jetaient la poussière en l'air, pour procurer un vent favorable à leur retour. On fouettait les saints, on jetait à l'eau ceux qui n'accordaient pas les demandes qu'on leur faisait. On mettait dans les champs un trépied ou un couteau fourchu, pour garantir le bétail des loups. On vidait l'eau de tous les vases d'une maison où quelqu'un venait de mourir, de peur que l'âme du défunt n'alla s'y noyer. — On mettait des chaises auprès des feux de joie le jour de la Saint-Jean, pour que les parents des morts pussent se chauffer à leur aise. — On porte aux saints des coiffes remplies de grains, on les dépose à leurs pieds, pour la guérison du mal que l'on a, ou celui qu'on se suppose. — Je ne parlerai pas du merveilleux poisson d'une fontaine de Quimper, toujours vivant, toujours entier, quoique saint Corentin en coupe chaque jour la moitié pour se nourrir.— Quimper doit être submergé, si la bougie du Guéodet s'éteint. — Un marchand, en quittant

Quimper, confie à son voisin une somme considérable, en le priant de la lui garder jusqu'à son retour. Il revient. On nie le dépôt. Appel au tribunal. On demande un serment. Le dépositaire infidèle, prêt à lever la main, remet sa canne remplie d'or à l'homme qui réclamait son argent, et devant le Christ il jure qu'il l'a rendu. Le crucifix appendu se détache et tombe sur le bras du dépositaire, le sang coule, la canne se rompt, et la fourberie se découvre.

Morlaix se nommait primitivement *Soliocan*. Conrad, archevêque de Salisbury, écrivain du douzième siècle, dit qu'il fut ensuite nommé *Julia*. Il se nomme en breton *Montroulés*. Dans la campagne, le temps qui détruit tout n'a pu y changer les rêveries des paysans; on craint des génies nommés *Teurs*. — Le *teusarponliet* se voit sous la forme d'un chien ou d'une vache; l'ouvrage des maisons est exécuté par lui comme par un follet. — Les *Ar Cannerez nos*, les chanteuses des nuits vous invitent à tordre leurs linges; si vous les aidez de mauvaise grâce, elles vous cassent les bras ou vous noient. — Le *Cariquel-ancou*, c'est la brouette de la mort, couverte d'un drap blanc que des squelettes conduisent. Quand quelqu'un est près d'expirer, on entend le bruit de sa roue. — Sous le château de Morlaix, il existe des génies d'un pied de haut. Ils vivent sous terre, le jour ils étalent leur or et le font sécher au soleil. L'homme qui tend la main reçoit d'eux une poignée de ce métal. Celui qui vient avec un sac, dans l'intention de le remplir, est éconduit et maltraité. Leçon de modération qui tient à des temps reculés.

On appelle *pardon* un lieu consacré par le souvenir de quelque saint ou de quelque miracle. On s'y confesse, on y fait l'aumône, on y achète des croix, des chapelets, des images, qu'on fait toucher au saint. On y frotte son front, son genou, son bras paralysé, contre une pierre miraculeuse. On jette des liards, des épingles, dans les fontaines; on y trempe sa chemise pour guérir, sa ceinture pour accoucher sans peine, son enfant pour le rendre inaccessible à la douleur. Le mal d'oreille se dissipe en trempant une pièce d'argent dans un vase d'huile bénite que l'on applique sur la partie malade. La pièce reste sur l'autel.

Notre-Dame-des-Portes est une chapelle entourée de vieux arbres consacrés par la piété. La nuit on voit errer autour la Vierge éblouissante de lumière, le frôlement de sa robe se fait entendre au loin dans la campagne. Cette apparition annonce de beaux jours et d'amples récoltes.

A Du Huelgoat, on voit les restes du château d'Artus. Des rochers de granit entassés donnent l'idée de ses vastes murailles. L'orfraie et les corbeaux sont les seuls hôtes qui fréquentent ces ruines merveilleuses, où des trésors sont gardés par des démons qui traversent les airs sous la forme d'éclairs et de feux follets, en poussant d'affreux hurlements que répètent les gorges et les forêts d'alentour.

Loc-Renan est un gros bourg; en 393, il n'était qu'un ermitage habité par saint Renan. Après sa mort, ne sachant où l'enterrer, on mit son corps sur une charrette attelée de deux bœufs ; ils firent le tour que le saint faisait chaque jour pour se donner de l'exercice. Ils s'arrêtèrent dans son ermitage situé dans la forêt. Les roues de la charrette, gênées dans un passage, y laissèrent des marques sur les deux rochers contre lesquels les femmes stériles se frottent pour avoir des enfants, comme sur le clou de saint Guignolé à Landevenec. La chronique assure que la mère du duc de Coigny naquit vingt ans après la mort de son père par cette opération souveraine.

Saint Vincent-Ferrier disait la messe à Vannes; sans qu'on s'aperçut de son absence, il fut chercher ses gants et son parapluie à Rome. — Saint Renan se transformait en bête brute. — Saint Vouga traversait la mer sur un rocher. — Saint Ké avait une clochette qui l'avertissait du bien qu'il devait faire et du mal qu'il devait éviter. — Saint Efflame et ses compagnons avaient pour cuisiniers des anges brillants de lumière. — Un loup mange l'âne d'un pauvre homme ; saint Malo le contraint à faire l'office de l'animal qu'il a dévoré, ce qu'il fit sans toucher aux moutons renfermés avec lui dans l'étable. — Une oie avait avalé l'œil de la sœur de saint Guignolé. Le saint l'arrache de son estomac et le remet dans son orbite sans qu'il ait perdu son éclat et sa beauté. — Le collier de fer de saint Sané servait d'épreuve. Il étranglait sur le champ les coupables. L'eau de sa fontaine procurait un vent favorable aux matelots qui en emportaient sur leur navire. Des cailloux trouvés dans son tombeau préservent de la peste et des naufrages. — Les reliques de saint Honoré trempées dans l'eau d'une fontaine opèrent des merveilles. Les femmes en boivent pour augmenter leur lait. Un jour un jeune homme en prit par dérision, ses seins se gonflent, il eût pu servir de nourrice. Ses offrandes au clergé dissipèrent cette protubérance incommode. — On dit quand un cheval bâille: Saint Eloi vous assiste. — Donnez du beurre à saint Hervé, vos bestiaux ne craindront rien des loups. Ce saint était aveugle, il se faisait garder par un de ces animaux. — On fait dire à saint Burlot et à sainte Cornélie des messes pour le repos de son mari défunt. On les paie quatre fois plus s'il s'agit de guérir sa vache ou son veau.

Il y a une chapelle dédiée à la Vierge à Lesneven. On la nomme Notre-Dame-du-Fol-Goat. Un écolier ne put dans ses études apprendre que ces mots: *O itroun Guerhes Mari!* c'est-à-dire, ô dame Vierge Marie. Il prononçait sans cesse ces paroles, vivait d'aumônes et couchait sur un arbre; l'hiver il se plongeait dans la fontaine. Il meurt, aussitôt il s'élève un lis de sa bouche. Ce miracle fait grand bruit, il est suivi de mille autres.

D'immenses trésors sont gardés par des démons, un vieillard, une fée, un serpent, un chien noir. Quand un savant prêtre vous en désigne la place, il faut pour vous en saisir faire un grand trou sans mot dire. Le tonnerre gronde, l'éclair brille, des gerbes de feu s'élèvent dans les airs, un bruit de chaînes se fait entendre. Persévérez, vous trouverez une tonne d'or ou d'argent. Si un mot vous échappe, elle tombe dans l'abîme à mille pieds de profondeur.

J'ai visité les ruines de l'antique château de Carnoët, sur la rive droite du Laïta. Des fossés remplis d'eau l'entouraient, des tours massives le protégeaient. Aujourd'hui ce sont des pans de murs couverts de grands arbres, de ronces et d'épines. Un prince, son dernier propriétaire, égorgeait toutes ses femmes dès qu'elles étaient enceintes ; il était un objet de terreur pour tout le monde. La sœur d'un saint devint son épouse. Quand elle s'aperçut de son état, convaincue qu'il fallait qu'elle cesse d'être, elle s'enfuit. Son époux la poursuit, l'atteint, lui tranche la tête et retourne dans son château. Son frère la ressuscite et s'approche de Carnoët. On lui en refuse l'entrée. A la troisième sommation, il lance une poignée de poussière contre les murailles, le château croule et s'abîme avec le prince dans les enfers. Le trou par lequel il passa subsiste encore. Quand on essaie d'y pénétrer, on devient la proie d'un énorme serpent.

Le château de la Roche-Maurice était autrefois habité par un dragon qui dévorait les hommes et les animaux. Le roi Bristokus l'apaisait en lui livrant tous les samedis un malheureux que le sort désignait.

Les monuments druidiques étaient nommés par les anciens Bretons *Chiorgaur.* Les premiers moines les appelaient *Chorea gigantum.* Ces mots offrent un rapport si positif, qu'il est impossible de ne pas le saisir. Aujourd'hui ont nomme *Gauric* les génies qui dansent la nuit autour de ces pierres.

Le *Buguel-nos* est un esprit bienfaisant, vêtu de blanc, d'une taille gigantesque; il grandit encore quand on l'approche. On ne le voit que dans les carrefours, de minuit à deux heures. Quand vous en avez besoin, il vous sauve sous son manteau. Alors vous entendez avec un bruit affreux passer la voiture du diable; elle fuit à son aspect en sillonnant l'air d'un long trait de lumière, et va s'abîmer dans le sein de la mer. — Le *Jan-gant-y-tan* est un démon qui porte dans la nuit cinq chandelles sur ses cinq doigts; elles tournent avec la rapidité d'un dévidoir. — L'*Avel-Fal* enlève la crême du lait.

La fontaine de Bodilis, près de Landivisiau, a la propriété d'indiquer aux amants si leurs maîtresses ont conservé leur innocence. On dérobe l'épingle qui ferme la collerette d'une jeune fille, on la pose sur la surface de l'eau ; si l'épingle s'enfonce tout est perdu ; surnage-t-elle, elle est vierge. — Les femmes, dans ce canton, se servent d'épines pour attacher leurs vêtements.

Dans toute la Bretagne, les anciennes superstitions se maintiennent : on y fait beaucoup de contes de fées et de sorciers. — Quand on ne peut retrouver le corps d'un noyé, on met un cierge allumé sur un pain qu'on abandonne au cours de l'eau ; le pain s'arrête où est le cadavre. — Les sorciers interprètent les mouvements de la mer, celui des flots sur le rivage ; ils prédisent l'avenir. — Au moment où l'on chante l'Évangile des Rameaux, les démons sont forcés d'étaler leurs trésors, en les déguisant sous la forme de feuilles, de pierres et de charbons; celui qui jette dessus de l'eau bénite les rend à leur premier état, et s'en empare. — On fait tourner le tamis pour retrouver les choses perdues. — L'oiseau qui chante répond à leurs questions ; il marque le nombre des années qu'ils ont à vivre, et l'époque de leur mariage. — Un bruit répété trois fois prédit un malheur. — Les hurlements d'un chien annoncent la mort. — Le sifflement des vents entendu dans la nuit est la voix du noyé qui demande un tombeau. — Quand un individu va cesser d'être, on consulte la fumée ; s'élève-t-elle droite, le mourant monte au ciel ; est-elle épaisse, il descend aux enfers. — Si la chemise des enfants enfonce dans l'eau de certaines fontaines, l'enfant meurt dans l'année ; surnage-t-elle, il vivra long-temps. On la met humide sur le corps de ces petites créatures, pour les préserver de tous maux. — On y croit que des cheveux que l'on souffle dans l'air se métamorphosent en animaux ; au petit bâton des fées qui se change en chien noir, en aigle, en lion ; à des animaux qui se rendent invisibles ; à des aigles portant des hommes dans les airs, obéissant à des génies ; à des fées qui métamorphosent en or, en diamant, la main des indiscrets qui souillent les fontaines dont elles défendent l'approche aux profanes.

Enfin, imaginez la pression du cœur des Bretons en écoutant la nuit, au coin du feu, le long récit de toutes ces histoires à fantômes errants dans l'ombre, et menaçant les criminels ; les fées si secourables ou si persécutantes ; des solitaires si puissants habitant les forêts et les antres sauvages, ou des vierges consacrant au ciel, dans la retraite, les plus doux moments de leur vie, les rêveries douces et sentimentales des cœurs chauds, à imagination ardente, qui ont cessé de s'émouvoir, et vous jugerez si l'aspect des ruines de l'Égypte, d'Athènes et de Rome, sont d'un aussi grand intérêt, et saisissent aussi fortement le curieux qui les contemple.

FIN.

TABLE.

VOYAGE EN BOURGOGNE.

                                          Pages.

   I. — Itinéraire de Paris à Autun.   1
  II. — Époque symbolique. 27
 III. — Origine sociale. 60
 IV. — Le sol de la patrie. 97
  V. — La fraternité. 127
 VI. — La bénédiction du travail. 151
VII. — Une soirée au village. 183
VIII. — La ville natale. 213

MÉLANGES LITTÉRAIRES.

Lettre sur Paris. 251
Lettre sur l'Égoïsme. 299
Souvenir de Brest. 347

Paris, imp. et lith. de MAULDE et RENOU, rue Bailleul, 9-11.

www.ingramcontent.com/pod-product-compliance
Lightning Source LLC
Chambersburg PA
CBHW060613170426
43201CB00009B/1001